# 关注太阳风暴

总参气象水文空间天气总站

主　编：刘　俊

副主编：查石祥

军事科学出版社

**图书在版编目(CIP)数据**

关注太阳风暴/刘俊主编.—北京:军事科学出版社,2009.12

(关注军事气象水文空间天气系列丛书:7)

ISBN 978-7-80237-298-6

Ⅰ.①关… Ⅱ.①刘… Ⅲ.①太阳活动-影响-军事 Ⅳ.①E915

中国版本图书馆 CIP 数据核字(2009)第217062号

**书　　名:** 关注太阳风暴
**作　　者:** 刘　俊
**责任编辑:** 张晓明
**封面设计:** 刘　丹
**出版发行:** 军事科学出版社(北京市海淀区青龙桥　100091)

**标准书号:** ISBN 978-7-80237-298-6
**经 销 者:** 全国新华书店
**印 刷 者:** 北京市毅峰迅捷印刷有限公司
**开　　本:** 850毫米×1168毫米　1/32
**印　　张:** 7.25　彩图10面
**字　　数:** 135千字
**版　　次:** 2009年12月北京第1版
**印　　次:** 2011年11月第2次印刷
**印　　数:** 3001-6000册
**定　　价:** 17.90元

**销售热线:** (010)62882626　66768547(兼传)
**网　　址:** http://www.jskxcbs.com
**电子邮箱:** jskxcbs@163.com

---

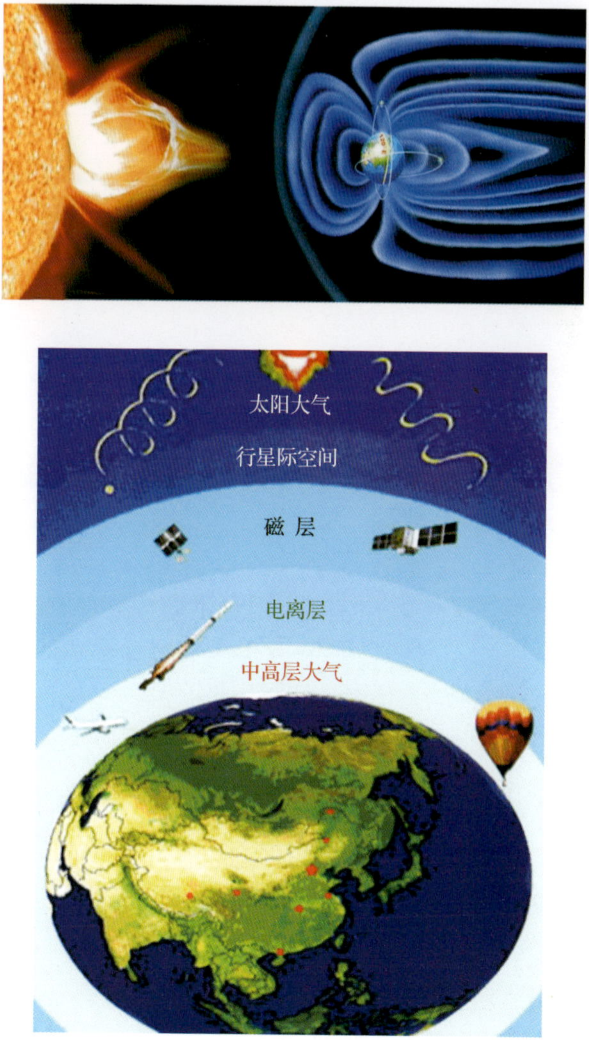


图 1　日地空间环境示意图

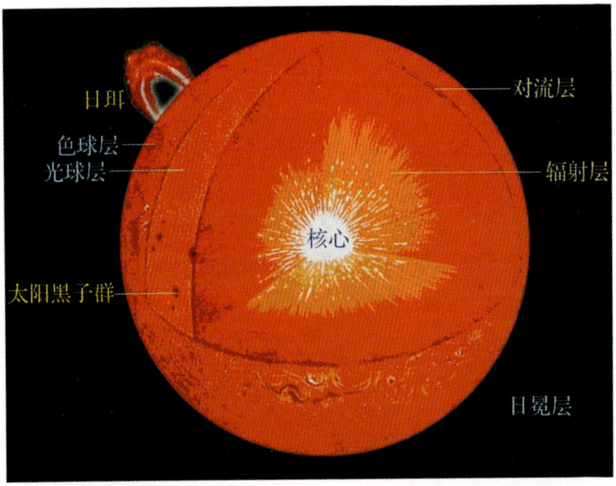


图2　太阳结构示意图

图3　太阳风示意图

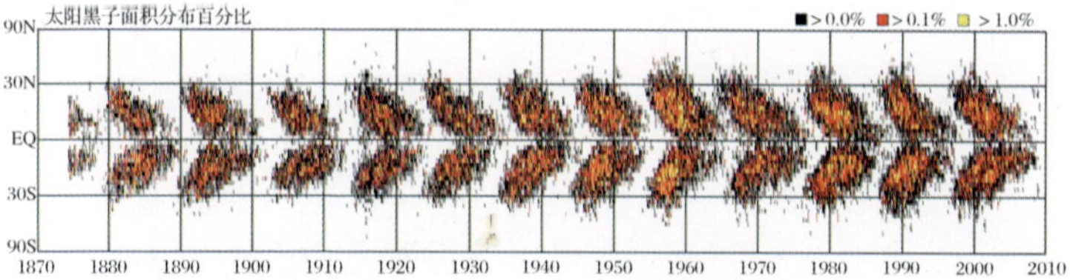


图 4　太阳黑子数演变的蝴蝶图

（纵坐标为日面纬度，横坐标为时间）

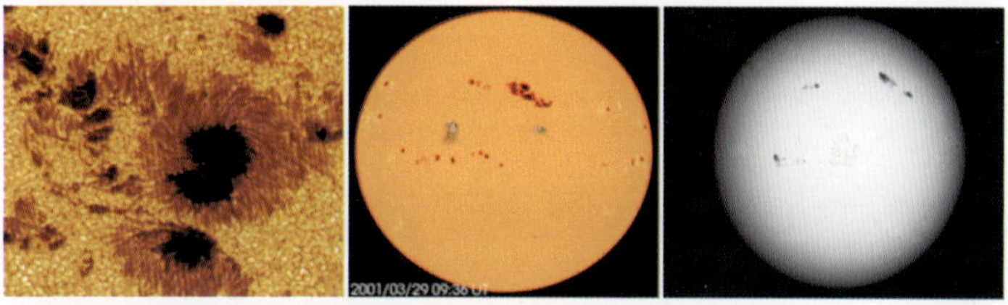


太阳黑子

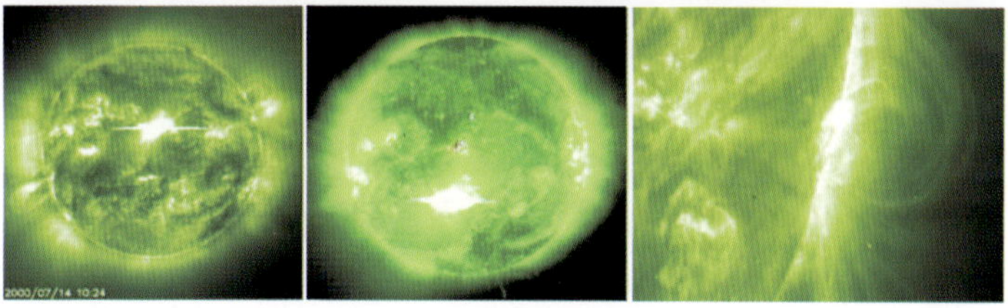


太阳耀斑

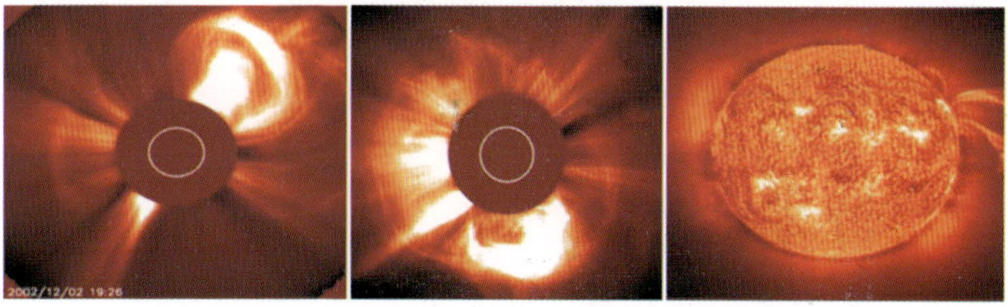


日冕物质抛射

图 5　太阳黑子、耀斑、日冕物质抛射

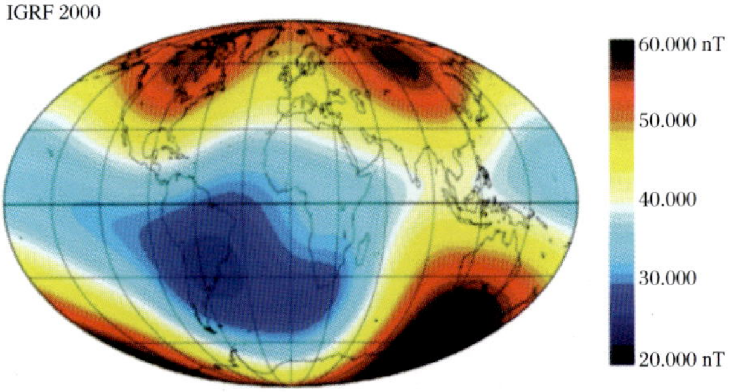


图 6　国际参考地磁场模型给出的地球表面磁场示意图

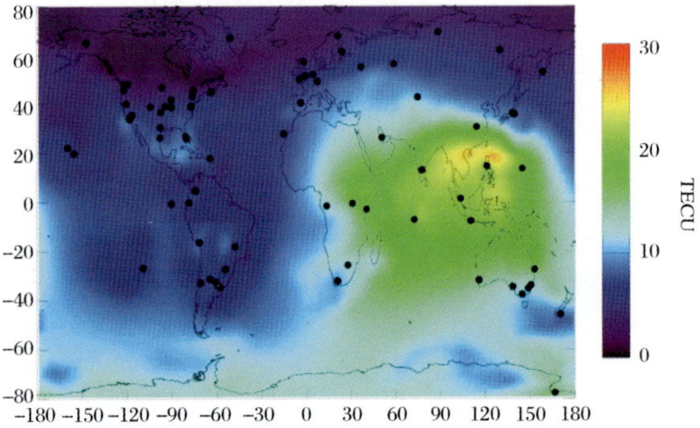


图 7　全球电离层电子总含量示意图

（注：1TECU（电子总含量单位）$=10^{16}$ 电子数/米$^2$）

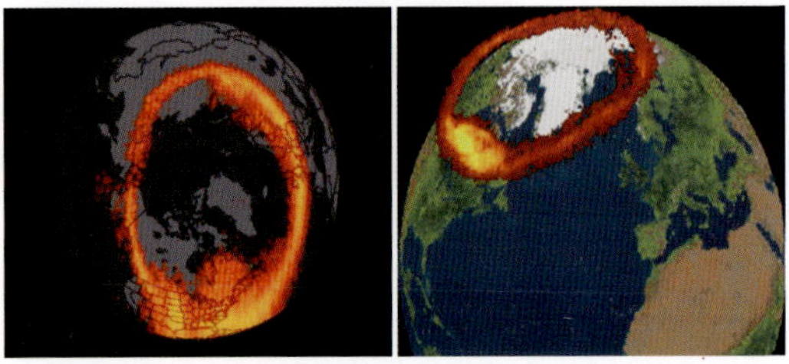

图 8　极光圈分布图

图 9　色彩绚烂的极光

图 10　空间天气对人类生活的影响示意图

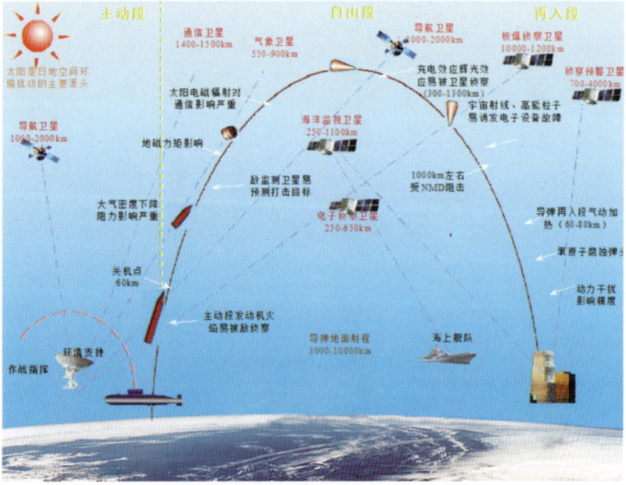


图 11　空间天气对战略弹道导弹作战使用的影响示意图

图 12　美国军地空间天气合署办公场景

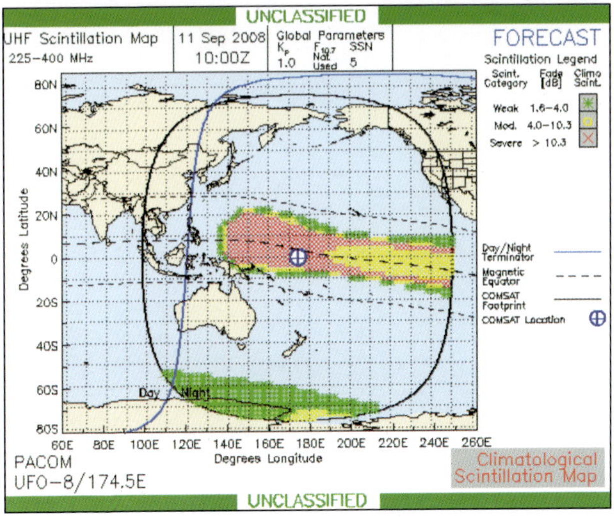


图 13　美军第 55 空间天气中队制作发布的
太平洋区域电离层闪烁预报图

图 14　空间碎片示意图

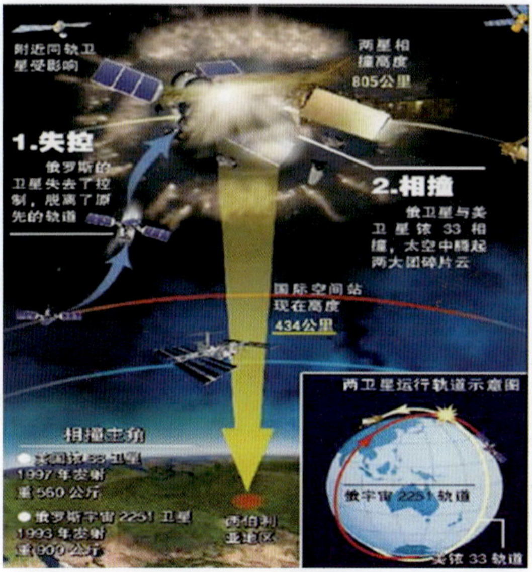


图 15　2009 年 2 月 11 日美俄卫星相撞现场模拟图

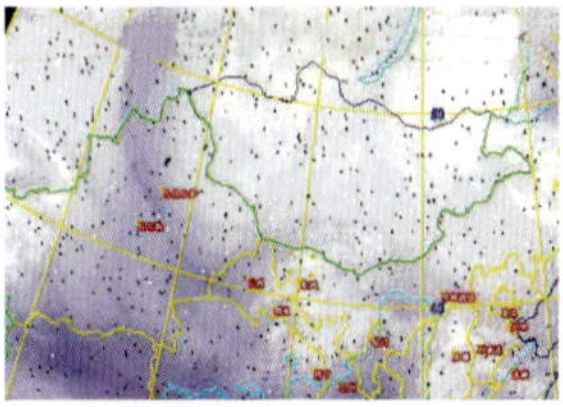

2001年03月20日04时00分

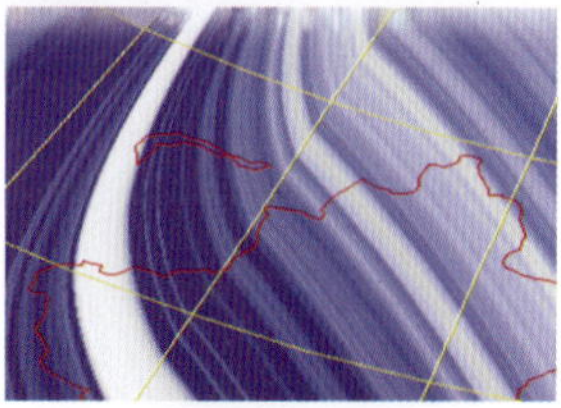

2001年03月31日15时48分

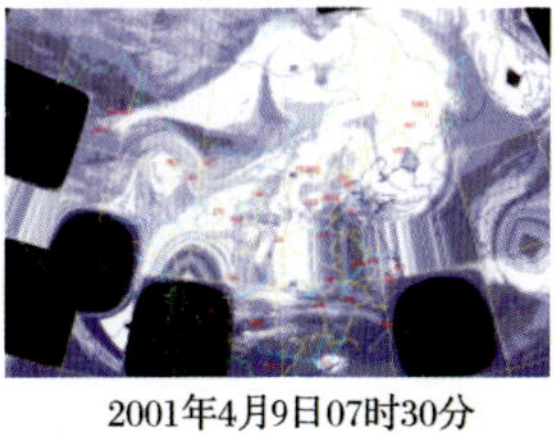

2001年4月9日07时30分

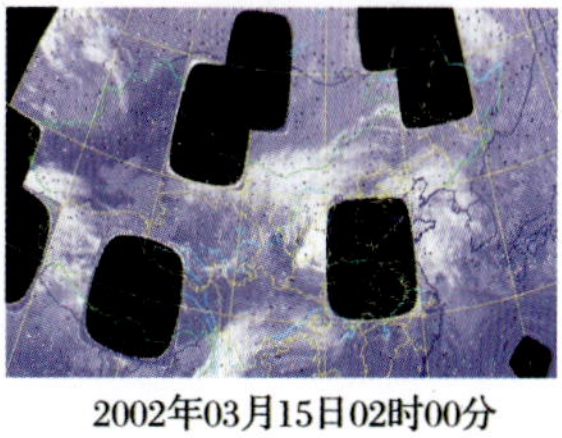

2002年03月15日02时00分

图 16　2001 年 3 月受日凌影响卫星云图

拍摄于湖北武汉黄鹤楼

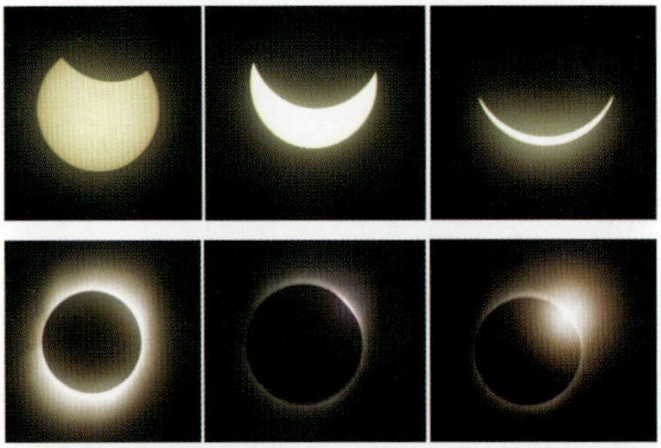

拍摄于重庆万州

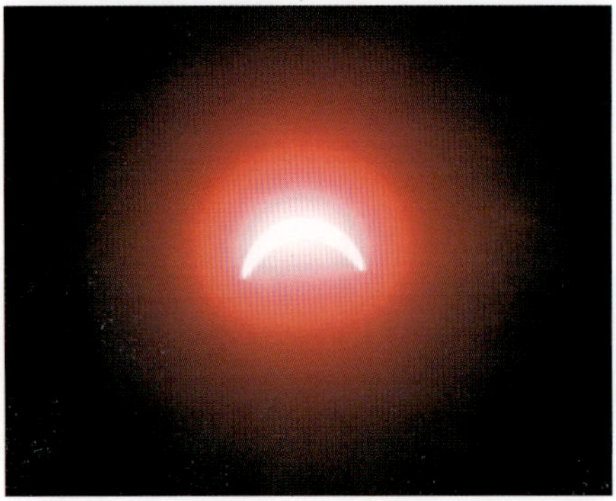

拍摄于浙江杭州

图 17　2002 年 7 月 22 日日全食图

# 目 录

# 序 一

自古以来，军事活动都是在一定的气象、水文和空间天气条件下进行的，其必然直接或间接地受到气象、水文和空间天气的影响。气象、水文和空间天气作为重要的战场环境条件，已成为军事决策、指挥和作战行动中不可忽视的重要因素。20 世纪 80 年代以来，随着世界新军事变革的发展，高、精、尖武器不断投入使用，气象、水文和空间天气对武器作战效能的影响越来越明显。海湾战争、科索沃战争、阿富汗战争和伊拉克战争都说明了这一点。

气象、水文和空间天气知识专业性较强，非专业人员难以全面、深入地了解。如何把这些知识浅显地介绍给各级指战员，是摆在气象、水文和空间天气科技工作者面前的一项重要任务。总参气象水文空间天气总站（前期由总参气象水文中心）组织有关人员，收集整理了大量资料，编写了“关注军事气象水文空间天气”系列丛书。该丛书不仅介绍了气象、水文和空间天气的成因、预报方法、手段及研究方向，还重点介绍了气象、水文和空间天气对军事的影响，列举了古今中外受气象、水文和空间天气影响的一些战例，提出了一些军事思考。

新世纪新阶段，随着军事变革的深入发展，军事气象水文空间天气保障面临难得的发展机遇和严峻的挑战。这就需要我们加倍努力做好军事气象水文空间天气各项工作，包括科普和宣传工作。希望这套系列丛书能对军事气象水文空间天气知识的普及起到抛砖引玉的作用，成为各级指战员了解和关注军事气象水文空间天气知识的平台。

**总参气象水文局局长** 李福林

二〇〇九年一月十八日

# 序 二

空间天气学又称太空天气学，是人类从 20 世纪 90 年代跨入 21 世纪，对发展空间技术的依赖性与日俱增的历史背景下，迅速发展起来的一个相对新的科学领域。空间天气学的诞生与发展的主要驱动力是社会发展空间技术的应用需求以及了解空间天气变化奥秘的科学探索，科学与应用的结合是空间天气学的灵魂和价值体现。正如美国宇航局 2006 年至 2016 年的战略计划中特别指出的，“空间天气对人类的危害越来越明显，因此认识并降低空间天气对人类的危害效应迫在眉睫”。空间天气学的发展事关经济社会发展、科技进步和空间安全，它是为人类发展空间技术“保驾护航”的科学。

未来 10 年，是我国建设创新型国家的关键时期，也是我国发展空间天气事业最佳的历史机遇期。提升空间天气的认知与保障能力、减少和规避空间天气灾害将是空间天气科学的主攻战略任务。我们要努力争取实现的基本目标是：夯实我国空间天气基础，提升我国对空间天气的认知能力，加速我国数字化近地空间保障体系建设，实现空间天气科学创新能力进入国际先进水平之列的跨越发展，初步满足国家发展航天、通信、导航、载人航天和空间安全等高技术领域的需要。为实现此战略目标，加大宣传力度、普及空间天气科学知识，提升人们的空间天气灾害意识，是一个十分重要的方面。在空间技术成为人类社会发展主导技术的21世纪，我们应成为有空间天气知识的国家。

我十分高兴地得知，刘俊、查石祥等同志缘于使命和兴趣，在收集整理大量资料，分析研究相关问题的基础上，编写了《关注太阳风暴》一书。书中不仅通俗地介绍了太阳风暴有关的科普知识，还特别研究思考了关于空间天气与军事的若干问题，提出了一些有价值的想法和建议。他们的钻研与敬业精神是非常令人钦佩的。书中内容通俗易懂、编排比较新颖，有比较强的科普性，适宜于领导同志和非专业人员阅读。这里应提及的是：太阳风暴系指由太阳活动巨大能量和物质释放而形成的风暴，它吹袭地球常给人类的航天、通信、导航、电网、宇航员健康与生命以及国家安全带来严重破坏和危害。太阳风暴是空间天气的源头，为了提升对太阳风暴的监测能力，美国计划使用20余颗卫星来构建空间天气的天基监测体系，足显其关注太阳风暴的重大意义与需求。大力加强关注太阳风暴的科普宣传，这对于提升我们关于空间天气认知和决策能力都是有益的。

看到近10年来我国空间天气科学研究与业务应用的快速发展，我感到欣慰。同时，我真诚期盼国家和军队有关方面进一步关注空间天气灾害问题，加快解决管理体制、运行机制问题，尽快制定我国空间天气保障能力的发展战略，进一步落实到制定和实施国家空间天气计划和应用专项工程等国家任务上去，切实加强空间天气科学研究和业务系统建设，有效提高空间天气保障能力，努力促进我国空间天气事业的科学发展。

**中国科学院院士**
**《空间天气与人类活动》**
**调研与宣讲组组长**

二〇〇九年七月二十二日

# 前 言

1957年10月4日，苏联成功发射第一颗人造地球卫星“斯普特尼克”（Sputnik）一号，标志着空间时代的到来，也标志着人类生活与社会活动从此与空间技术和航天系统密不可分。进入21世纪，空间更是成为军事竞争的重要领域，“太阳风暴”成为人们日益关注的重要问题之一，也成为军事活动必须关注的环境条件之一。

“太阳风暴”并非专业术语，是人们为了传媒报道和科普宣传教育在表述灾害性空间天气现象时经常使用的一个词汇，是一种形象化说法，是指能在地球空间导致灾害性响应的爆发性太阳活动（如，太阳耀斑和日冕物质抛射）。当这种太阳风暴向地球空间吹来时，常可观测到行星际激波、质子事件、磁层粒子暴、地磁暴、电离层骚扰、电离层暴、中高层大气扰动和极光等重要空间天气现象。

也许人们对几次太阳风暴造成的危害记忆犹新。1989年3月发生的太阳风暴，导致加拿大魁北克省和美国新泽西州的供电系统受到破坏，损失超过10亿美元。2001年4月发生的太阳风暴，使我国的短波通信和侦测等用户系统受阻、中断约3小时。2003年10月发生的太阳风暴，引起强烈的北极光，导致大量卫星出现问题，其中日本太空探索署发射的价值4.5亿美元的高级地球观测卫星（Midori－2）失灵。2006年12月的太阳风暴，使我国电波观测站短波信号全部中断，广播信号大面积中断或被干扰，国外多颗卫星数小时工作异常。这些重大事件，使得大众逐渐熟悉了“太阳风暴”，越来越关注“太阳风暴”。

近些年，源于职责、使命和兴趣，我们一直密切关注太阳风暴及其影响，收集整理了有关信息资料。在此基础上，编写了《关注太阳风暴》一书。书中力求浅显地回答有关太阳风暴、空间天气的若干问题，包括概念、特性、成因、影响与危害、探测、预报、研究，以及对军事的影响与空间天气保障发展思考等。书中的“拾零”是一些与太阳风暴、空间天气有关的趣闻轶事。“附录”则是一些知识、数据、资料等，包括并非空间天气学科范畴但属于空间天气保障内容的空间碎片和日凌知识，供读者查阅。

本书由刘俊主编，查石祥副主编，卢晓姗、孙凌峰、沙孝鸣、曾昭宪等同志参加编写、资料核对等工

作，陈鑫和李杰协助图表制作。中国气象局国家空间天气监测预警中心王劲松研究员审阅了书稿，提出了宝贵的修改意见与建议。编写过程中，编者参考了大量书籍、文献资料。在此，对审稿专家和相关编著者一并深表谢意。本书是“关注军事气象水文空间天气”系列丛书中的一本，仅供有关部门及人员参考。

特别感谢总参气象水文局李福林局长为包括本书在内的“关注军事气象水文空间天气”系列丛书作序，并给予指导和鼓励；中国科学院院士、《空间天气与人类活动》调研与宣讲组组长、中国科学院空间科学研究与应用中心研究员魏奉思先生为本书作序，并给予悉心具体指导。

由于资料、时间和水平等的限制，书中可能有不妥甚至错误之处，恳请读者批评指正。

编　者

二〇〇九年七月

# 1 什么是太阳风暴？

细心的读者可能早就注意到，近年来在多种传媒的宣传报道中提到一种被称为“太阳风暴”的灾害，它泛指发生在日地空间（距离地球表面 20 千米～30 千米以上至太阳大气）的一种自然灾害。1989 年 3 月发生的强太阳风暴，导致加拿大魁北克省和美国新泽西州的供电系统受到破坏，经济损失超过 10 亿美元。2003 年 10 月发生的太阳风暴，引起强烈的北极光，几乎整个北美地区都可以看到，导致多颗卫星出现问题，其中日本价值 4.5 亿美元的高级地球观测卫星（Midori－2）失灵。

## （一）太阳风暴的概念

### 1. 由来

美国国家航空航天局天文学家斯腾·奥登瓦尔德（Sten Odenwald）博士最早在 1999 年 3 月 10 日的《华

盛顿邮报》上发表了题为“太阳风暴（Solar Storms）”的专栏文章。斯腾博士多年来致力于空间天气的科普教育，著有《第23太阳周：学会与风暴的星球共处》一书，并负责维护“太阳风暴”网（www. solarstorms. org）等科普网站。

在中国国内，较早的报道出现在2000年6月，时值太阳耀斑爆发，不少传媒频繁使用“太阳风暴”一词。近些年，每当有强烈的太阳活动事件发生，“太阳风暴”一词就被反复使用，逐渐被广大公众所熟悉。如2000年6月23日《北京晚报》发表了题为“太阳风暴频频袭击地球，连连发生空间灾害事件，专家呼吁建立空间天气预报研究体系”的文章。2001年4月17日新华网发布了题为“没完没了太阳风暴又来了，预计强度会更大”的消息。2003年10月31日《北京青年报》作了题为“罕见强太阳风暴袭击地球”的报道。

不同专家、学者笔下的“太阳风暴”的内涵往往也不尽相同。

中国几位专家、学者就太阳风暴发表了各自的看法。国家天文台林元章教授指出：“太阳风暴是指太阳活动产生的太阳光辐射和粒子发射增强，为了形象起见，就称为太阳风暴。”国家“973”计划“太阳剧烈活动与空间灾害天气”首席科学家、国家天文台研究员汪景琇在接受记者采访时表示：“太阳风暴是一种通俗说法，是指太阳的剧烈活动及其引发的对行星际和近地环境的扰动。”张元东和王家龙编著了《太阳风暴》一书，由气象出版社于2003年出版，但该书并没有给出太阳风暴的概念，只是在书的“后记”中称，“太阳风暴”是一种比较形象性的说法，应将它与地球大气对流层中的风暴区别开来。由总参气象水文局主编、中国大百科全书出版社2007年11月出版的中国军事百科全书（第二版）《军事空间天气》分册中，并没有“太阳风暴”条目，但在“空间天气”条目中出现了“太阳风暴”一词，将它等同于行星际激波。

有的专家在学术文章中也使用了太阳风暴一词，如中国科学院院士、空间科学与应用研究中心魏奉思研究员等研究提出了预测太阳风暴的“ISF”方法（详见附录）。此外，北京大学肖佐教授在介绍有关研究建立卫星空间探测系统的“夸父”计划的文章中，还使用了“空间风暴”和“空间暴”两个词。

由上可见，“太阳风暴”一词并非专业术语，而是一种形象和通俗化的说法。

2. **定义**

由于太阳风暴一词并非专业术语，还不存在公认的严格的定义。编者根据有关资料，特在本书中给出如下描述性定义：

太阳风暴泛指太阳的剧烈活动（太阳耀斑、日冕物质抛射等）、电磁辐射（X射线、紫外线等）、高能带电粒子和太阳风等离子体的剧烈扰动。当这种太阳风暴向地球空间吹来时，常可观测到行星际激波、质子事件、磁层粒子暴、地磁暴、电离层骚扰、电离层暴、中高层大气扰动和极光等重要空间天气现象。

值得注意的是，并非所有的太阳耀斑、日冕物质抛射事件都能够在行星际和地球空间引起显著的扰动或响应。事实上，太阳耀斑或日冕物质抛射出现的频率相当高。以日冕物质抛射为例，在太阳活动高年平均每天发生3.5个，在太阳活动低年平均每天发生0.2个，而太阳风暴在每个太阳活动周期（平均11年左右）只能出现几次或十几次。

总之，这样的定义反映了“暴”的本质，即“显著偏离正常状态”，如同地球天气中的热带风暴、极地风暴、沙尘暴、暴雨、暴雪等，社会经济生活中的政治风暴（如文革风暴）、金融风暴（如亚洲金融风暴）等，便于公众认识和记忆。

3. **太阳风暴与太阳活动**

要理解太阳风暴，就得从太阳活动讲起。借助各种专门的太阳望远镜进行观察，可发现太阳表面的一些局部区域经常出现某种特殊现象，或者说发生一些事件，即所谓太阳活动。例如在太阳光球层中出现成群的太阳黑子和光斑，在色球层和日冕中出现日珥和谱斑，有时发生太阳耀斑和日冕物质抛射等现象。

太阳黑子是最广为人知的天文现象，表现为日面上的暗黑斑块，其本质是太阳表面的局部强磁场区，且具有复杂的磁场极性分布。由于黑子区的温度比周围低，显得暗黑。光斑是光球层的高温区，谱斑是色球层中的高温区。

观测表明，上述各种太阳活动现象发生在以黑子为中心的局部区域中，称为太阳活动区。国际上通用的太阳活动区的命名由美国国家大气和海洋管理局（NOAA）编号和发布。

太阳活动具有周期性。目前，人们普遍采用一种称为“黑子相对数”的量来表示太阳黑子的活动水平。大量统计表明，太阳黑子数存在 11 年左右的周期变化，即黑子周或太阳活动周，将其中黑子数极大值对应的年份称为太阳活动极大年（或太阳活动高年），将黑子数极小值对应的年份称为太阳活动极小年（或太阳活动低年）。

国际上规定，以 1755 年为第一个太阳活动周的开始，目前正处于第 24 个太阳活动周的开始期。著名的蝴蝶图（见彩图 4）直观地说明了太阳活动的周期性，以及在太阳活动周中太阳黑子数随时间与纬度的变化规律。

**4. 太阳风暴与空间天气**

国际上，空间天气（Space Weather）一词大约是在20 世纪 70 年代的科学文献中作为一种对未来科学的“畅想”而提出。1994 年 11 月，美国正式发表了“美国国家空间天气战略计划”，首次定义了空间天气。1995 年美国在其提出的空间天气启动计划中，定义“空间天气”为：太阳、太阳风、磁层、电离层和热层中这样一些条件，它们可以影响空间、地面技术系统的性能与可靠性，危害人类生活或健康。

我们可以将空间天气与太阳风暴的关系简单地示意如下：

[空间天气] = [太阳风暴] + [地球空间暴]

（太阳风暴 ↑ 因；地球空间暴 ↑ 果）

空间天气学是专门研究和预报从地球 20 千米 ~ 30 千米之上直至太阳这一日地空间环境中的灾害性天气变化规律，减轻或防止空间灾害，为人类活动服务的学科。它是一门把日地物理科学与地面和空间技术的应用紧密结合在一起的新兴交叉学科。20 世纪 90 年代初，我国科学家就提出了“空间天气学的时代已经来临”、“空间天气学作为一门新兴的科学必将在人类跨世纪的步伐中应运而生”等观点。

太阳风暴是灾害性空间天气现象或事件的驱动源，是空间天气学最重要的研究对象之一。

## （二）太阳风暴的分类

根据能量或物质传递的快慢与方式，可将太阳风暴大体分为以下三类：

第一类，是以电磁辐射方式传递的太阳风暴。由太阳耀斑或日冕物质抛射等剧烈太阳活动产生的 X 射线和紫外线于 8 分多钟后到达地球，使地球电离层中最低层的电子密度突然增大，造成短波通信信号减弱，甚至中断，产生称为电离层突然骚扰的电离层扰动事件。

第二类，是以高能粒子流传递的太阳风暴。由太阳耀斑或日冕物质抛射产生的太阳高能粒子，通常几小时至十几小时即到达地球附近。这些粒子的能量很大，可能对人造卫星和宇宙飞船等航天器造成损害，甚至殃及宇航员生命。1990 年 11 月初，太阳耀斑发射的高能粒子流曾使我国的“风云一号”气象卫星受到轰击，造成计算机程序混乱，卫星姿态失控。

第三类，是以低能等离子体方式传递的太阳风暴。由太阳耀斑或日冕物质抛射等发射的更大量低能等离子体，通常经过 1 ~ 3 天的时间到达地球，冲击地球磁层和电离层，引起磁暴、电离层暴和极光的爆发。

## （三）太阳风暴的特点

### 1. 影响的时空尺度广

太阳风暴是灾害性空间天气的驱动源，其影响不仅涉及太阳大气、行星际、地球磁层、电离层和中高层大气等多空间层次，还涉及从几分钟、几小时到几天不等的时间尺度。

### 2. 呈现显著的周期性

由于太阳风暴是一种剧烈的太阳活动，因此，也呈现出准 11 年的周期性。在太阳活动高年，太阳风暴出现频率较高，年均出现几次或十几次，并且强度通常也较大；在太阳活动低年，出现的频率低，甚至数年不出现，强度往往也较弱。以第 23 太阳活动周质子事件为例，2001 年处于太阳活动高年，共发生 22 次质子事件；1996 年和 2007 年处于太阳活动低年，没有质子事件发生。

### 3. 发生概率小、危害大

尽管太阳耀斑和日冕物质抛射等太阳活动发生的频率很高，但由于其强弱的不同，能够在地球空间产生显著影响的太阳风暴响应却是一种小概率事件，每个太阳活动周通常只发生几次至十几次。太阳风暴的强度越大，出现频率越小，但是其产生的危害却越大，技术系统受损的风险越高。

受太阳风暴影响最显著的天、地基高新技术系统（卫星通信系统、GPS 导航定位系统和供电系统等），是确保现代社会得以正常运转的基础技术设施，不仅成本极其昂贵，且一旦遭受毁坏，影响往往是灾难性的。1998 年美国在轨卫星数量高达 4 百多颗，价值数千亿美元，美国卫星保险公司在该年度的赔付金额高达 18 亿美元，其中半数是因为卫星的在轨故障。

**4. 影响多样化**

太阳风暴不仅会对航天活动、通信、导航、定位、电力和跨极区高空飞行等构成威胁，还会影响地球天气与气候，对信鸽竞飞、人类健康也产生一定影响，如彩图 10“空间天气对人类生活的影响示意图”所示。

**5. 物理机制复杂**

太阳 X 射线、紫外与射电辐射增强，涉及原子禁戒跃迁辐射、回旋加速辐射等机制；日冕等离子体加热和粒子加速导致的粒子发射增强，涉及磁能重联释放、波流相互作用加速、费米加速等机制；太阳风暴的影响效应，则涉及原子氧剥蚀、辐射损伤、单粒子锁定与翻转、表面充电、深层充电、信号吸收、闪烁与多径传播等多种机制。

# 2 主要的太阳风暴

## （一）太阳耀斑

1859 年 9 月 1 日，英国科学家卡林顿（Richard C. Carrington）和哈德森（Richard Hodgson）观测太阳时，在一个大黑子群附近看到一个太阳闪焰（不寻常的白光）的产生，这片闪光掠过黑子群，亮度逐渐减弱、直至消失，这就是最早观测到的太阳耀斑。该事件是有记录以来最强大的太阳风暴事件，后来被称为“卡林顿事件”。

**1. 概 念**

太阳耀斑（Solar flare）是太阳活动区中以强电磁辐射为主的爆发型太阳活动现象。其本质是在太阳大气中局部区域发生的突然和大规模的能量释放过程。太阳耀斑常出现在磁场梯度大、结构复杂和磁场位形不稳定的太阳活动区中。

一个典型太阳耀斑释放的能量为每秒 $10^{20}$ 焦耳（J），大耀斑释放的能量可以高达每秒 $10^{25}$ J，等效于同时爆炸几百万颗亿吨级的氢弹。不过它还不足太阳总辐射功率（$(3.845 \pm 0.006) \times 10^{26}\ \mathrm{J \cdot S^{-1}}$）的1/10。太阳上如此相对小的能量释放现象之所以会引起人们的巨大关注，其原因在于，耀斑释放能量的波段相对集中，耀斑爆发时可使太阳在软 X 射线波段的辐射增长上千倍，在射电波段如 2800 兆赫兹（MHz）处增长几百倍。

典型耀斑过程可分为四个基本阶段：①耀前相。储存在太阳大气中的磁场能量开始释放，表现为耀斑区被迅速加热并可观测到软 X 射线辐射的增强。②脉冲相。在此阶段可观测到 $\gamma$ 射线、硬 X 射线和射电波的脉冲式增强，质子和电子等粒子的能量可增加到超过 1 兆电子伏特（MeV），延续时间约为 1 分钟。③闪相。在脉冲相过后，软 X 射线、可见光（H$\alpha$）和分米波射电辐射仍会持续几分钟到十几分钟的增强。④主相。辐射达到最大后在该阶段逐渐减弱，一般可持续几十分钟到 1 个小时。参见彩图 5。

2. **分类**

通常，根据太阳耀斑的软 X 射线辐射等特性，可以分为脉冲型耀斑和缓变型耀斑，脉冲型太阳耀斑的 X 射线辐射持续期短，往往不足 1 小时，而缓变型太阳耀斑的 X 射线辐射持续期则超过 1 小时。

**脉冲型耀斑和缓变型耀斑特性**

| 物理特性 | 脉冲型 | 缓变型 |
| --- | --- | --- |
| 软 X 射线辐射持续期（h） | <1 | >1 |
| 软 X 射线辐射延迟常数（min） | <10 | >10 |
| 爆发的日冕高度（km） | $<10^4$ | $\sim 5\times10^4$ |
| 体积（$cm^3$） | $10^{26}\sim10^{27}$ | $10^{28}\sim10^{29}$ |
| 能量密度 | 高 | 低 |
| Hα 观测成像大小 | 小 | 大 |
| 硬 X 射线辐射持续期（min） | <10 | >10 |
| 微波辐射持续期（min） | <5 | >5 |
| 伴生米波 II 型爆发的几率 | 75% | 总是 |
| 伴生米波 III 型爆发几率 | 总是 | 50% |
| 伴生米波 IV 型爆发几率 | 很少 | 总是 |
| 伴生日冕物质抛射几率 | 很少 | 总是 |

此外，根据是否伴生质子事件，可分为质子耀斑与非质子耀斑；根据其辐射性质，可以分为白光耀斑和 X 射线耀斑。其中，白光耀斑通常与大耀斑对应，大多数也是发射高能粒子流、远紫外射线、硬 X 射线、γ 射线、强射电爆发的质子耀斑或宇宙线耀斑。自 1859 年卡林顿发现太阳耀斑以来，迄今只观测到 30 多次白光耀斑。

3. **成因**

关于太阳耀斑的形成机制，尚没有定论。耀斑理论大都假设能量储存在磁场中，因某种等离子体不稳定性的发生和发展使能量释放出来。已经提出的耀斑理论大致可分为电流片模式和通量环模式。电流片模式假定太阳色球中新浮现的磁弧和原有活动区的磁弧碰撞，若新浮现磁场的极性和原磁场极性相反则形成中性电流片，然后通过磁场重联引发耀斑。通量环模式假定扎根于双极活动区的磁弧，由于某种原因导致扭绞加大，使磁弧的轴向电流增加，到一定程度后可产生某种不稳定性，导致磁弧破裂，引起耀斑。

4. **强度分级**

对于太阳耀斑，存在两种类型的强度分级标准：光学耀班分级和 X 射线耀斑分级。光学耀斑分级是依据耀斑 Hα 光观测得到的耀斑最亮时的面积定义的，如下表所示。

**光学耀斑分级表**

| 级别 | 耀斑最亮时面积（单位：太阳半球面积 $*10^{-6}$） |
|---|---|
| S | <100 |
| 1 | 100 ~ 250 |
| 2 | 250 ~ 600 |
| 3 | 600 ~ 1200 |
| 4 | >1200 |

X 射线耀斑分级是依据在同步轨道卫星上观测的软 X 射线（1 ~ 8Å 波段）的峰值流量密度（以 $W/m^2$ 为单位），分为 A、B、C、M、X 等 5 个级别，如下表所示。

**X 射线耀斑分级表**

| 级别 | 1~8Å 软 X 射线流量密度峰值范围 |
|---|---|
| A | $\Phi < 10^{-7}$ |
| B | $10^{-7} \leqslant \Phi < 10^{-6}$ |
| C | $10^{-6} \leqslant \Phi < 10^{-5}$ |
| M | $10^{-5} \leqslant \Phi < 10^{-4}$ |
| X | $\Phi \geqslant 10^{-4}$ |

### 5. 与太阳黑子数的关系

太阳耀斑多发生在黑子群附近，黑子群越多耀斑越多；黑子群面积越大，黑子群附近的耀斑越多；黑子群的寿命越长，产生的耀斑也越多。

据统计，在一个太阳自转周里，总共能观测到的耀斑数 N 和该周黑子相对数平均值 R 之间存在如下关系：

$$N = a\ (R - 10)$$

式中 a 是一待定常数，不同的太阳黑子周有不同的 a 值。

## （二）日冕物质抛射

日冕物质抛射的空间观测始于 20 世纪 70 年代，托西（R. Tousey）于 1971 年 12 月 14 日在第 7 次太阳轨道观测计划（OSO－7）中首次发现日冕物质抛射现象。

### 1. 概念

日冕物质抛射（CME）是强物质喷发型太阳活动，它是日冕物质瞬时向外膨胀或向外喷射的现象。

日冕物质抛射事件发生时，所抛出的太阳物质大约为 $10^{14}$ ~ $10^{16}$ g，平均为 $10^{15}$ g，这些物质被加速至每秒几百甚至上千千米。能量可达 $10^{22}$ ~ $10^{26}$ J，平均为 $10^{24}$ J。

日冕物质抛射具有显著的准 11 年太阳活动周期，在太阳活动高年，每天发生 3.5 个日冕物质抛射事件，在太阳活动低年，平均每天发生 0.2 个日冕物质抛射事件。

1930 年法国天文学家李约（Lycot）发明日冕仪，在此之前，由于日冕物质稀薄，亮度很低，人们只能在日食时进行日冕观测。日冕物质抛射的观测特征包括它们的大小（角宽度）、质量、能量、抛射速度、发生频率、纬度分布。

**典型日冕物质抛射的观测特征**

| 特征参数 | 数值 |
|---|---|
| 平均角宽（对日心）(°) | 45 |
| 抛射物质总量（g） | $5\times10^{15}$ ~ $5\times10^{16}$（约 $10^{-17}$ 太阳质量） |
| 日发生频次 | 3.5（高年）& 0.2（低年） |
| 物质流失速率（g/s） | ~$2\times10^{11}$ |
| 前端速度（km/s） | 50 ~ 2000 |
| 平均速度（km/s） | 400 |
| 到达地球的时间（h） | 几十 ~ 100 |
| 能量密度（$erg/cm^3$） | 100 |

### 2. 分类

日冕物质抛射种类很多，典型的日冕物质抛射具有明显的三重结构，即亮的内核，外面是低密度空穴，呈暗黑色，再外面是明亮的外环。参见彩图5。

基于SOHO观测的统计研究表明，具有上述结构的日冕物质抛射占总日冕物质抛射的1/3左右。跨赤道的巨环状日冕物质抛射和呈扭绞磁绳结构的日冕物质抛射也是常见的类型。此外，还有一种晕状日冕物质抛射，尺度很大，其抛射过程中在日轮外360°的范围内都能观测到。约有半数的晕状日冕物质抛射沿日地连线抛向地球，即对地晕状日冕物质抛射，是导致灾害性空间天气的主要原因。

### 3. 成因

通常认为，日冕等离子体被封闭在日冕磁结构中，日冕物质抛射之所以能够发生，是因为原来封闭的日冕磁场位型存在不稳定性，由封闭位型发展为开放位型。因此，一个更明确的日冕物质抛射的定义，是日冕磁场由封闭位型发展为开放位型，从而导致大尺度的太阳等离子体和磁通量抛向行星际的物理过程。

# 3 太阳风暴在地球空间的响应

太阳风暴是灾害性空间天气事件的驱动源，本部分介绍太阳风暴在地球空间的几种主要响应，具体包括太阳质子事件、地磁暴、电离层扰动和极光等。

## （一）太阳质子事件

### 1. 概 念

当太阳活动比较剧烈，出现耀斑爆发或者日冕物质抛射时，常常伴随着大量高能带电粒子的喷射。耀斑爆发或日冕物质抛射后一段时间在地球轨道附近可观测到高能粒子的强度突然增加，这就是太阳高能粒子事件。从太阳喷射出来的高能粒子绝大部分是质子，约占高能粒子总数的90%以上，其次是α粒子，电荷数大于3的粒子很少，所以通常把太阳高能粒子事件称为太阳质子事件。

质子的能量范围通常在 10～100MeV 之间，能量大于 500MeV 的事件是很少的。太阳质子事件的强度单位用 pfu 表示，1pfu＝1 个质子/（$cm^2$·s·sr）。目前国际上公认的质子事件确认标准是：能量大于 10MeV 的质子在连续 15 分钟以上的时间内数目超过 10pfu。

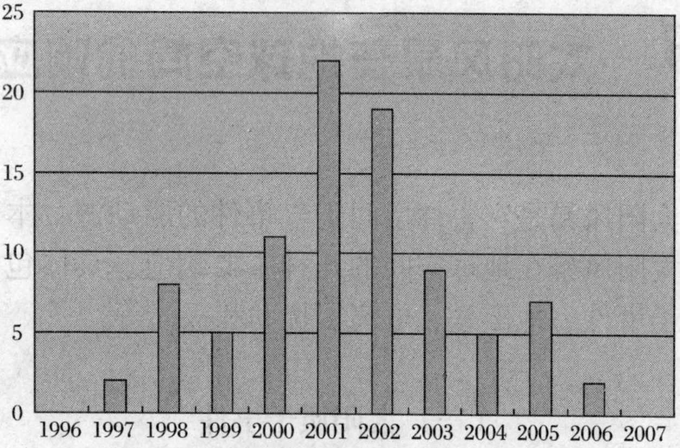


**第 23 太阳活动周各年质子事件爆发次数统计图**

（统计数据源自美国空间天气预报中心公布的历年质子数）

太阳质子事件与太阳活动周有着一定的相关性。在太阳活动低年，太阳质子事件个数要少一些，有时候一整年都没有；在太阳活动高年，太阳质子事件的个数要多一些。第 23 太阳活动周太阳质子事件统计图表明，在 1996 年和 2007 年没有太阳质子事件发生，而在太阳活动高年 2000～2003 年太阳质子事件个数就要多一些。

在太阳质子事件期间，高能质子瞬时最大强度可超过正常银河宇宙线 3～4 个数量级；每平方厘米接收到的能量大于 30MeV，粒子数达到 $10^9$ 个。太阳质子事件是引起日地系统扰动的极重要的源，能造成近地空间的灾害性空间天气，是空间天气保障的重要内容。

2. **分类**

按形成机理，质子事件可分为缓变型事件和脉冲型事件两类。

按质子能量大小，质子事件可分为相对论事件和非相对论事件两类。能量大于 500MeV 的称为相对论性事件，小于 500MeV 的称为非相对论性事件。

3. **成因**

缓变型质子事件成因。与日冕物质抛射及其所驱动的激波（主要观测标志为太阳 II 型射电暴）密切相关，持续约几天的时间，平均年发生率约 10 次。对这类太阳高能粒子事件中重离子的电离态测量表明，电离态与周围日冕温度约 $2\times10^6$K 源区一致。虽然不同事件间可以具有彼此显著不同的元素丰度（元素的相对含量），但是它们的平均源区元素丰度基本上不变，并与日冕丰度一致。这些测量结果表明这类太阳高能粒子主要来自太阳日冕层，其加速机制与日冕物质抛射驱动的激波加速过程有密切关系。

脉冲型质子事件成因。直接起源于太阳耀斑区，由耀斑直接加速产生，其典型特征是元素的丰度比 $^3He/^4He$

较之缓变型事件高约3个数量级，故又称“富$^{3}$He事件”。这类事件通常不仅粒子流量较小，而且持续时间也较短，约为几小时，但年发生率约1000次，比缓变型事件高两个数量级。它们一般不与日冕物质抛射或太阳II型射电暴伴生，仅在太阳西半球的耀斑中观测到。

**4. 强度分级**

按质子流量的峰值大小，太阳质子事件分为弱太阳质子事件、中等太阳质子事件和强太阳质子事件。质子流量峰值小于$100cm^{-2} \cdot s^{-1} \cdot sr^{-1}$的称为弱事件，大于$1000cm^{-2} \cdot s^{-1} \cdot sr^{-1}$的称为强事件，介于两者之间的称为中等事件。

## （二）地磁暴

**1. 地磁场与地球磁层**

地球是一个有内禀磁场的行星。就像空气、水一样，地磁场也是人类赖以生存的不可缺少的环境条件之一，地磁场包围在地球周围，像一道天然的屏障，保护着地球上的生命，使其免受高温、高速太阳风威胁和宇宙高能粒子的轰击。

地磁场可以分为内源场和外源场两大部分。内源场起源于地表以下的磁性物质和电流，内源场总体上稳定少变。外源场起源于地表以上的空间电流体系，它们主要分布在电离层、磁层和行星际空间，包括电离层电

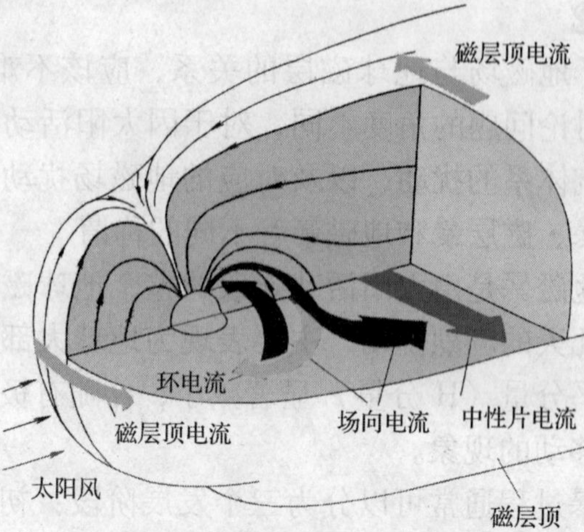


磁层电流体系示意图

流、环电流、场向电流、磁层顶电流及磁层内其他电流。由于这些电流体系时间变化快，所以外源场通常又叫做变化磁场。

从全球来看，内源场占总磁场的99%以上，外源变化磁场约占1%。

地球空间中磁场强度的分布是不均匀的，地球表面为3~6万nT，地球同步轨道约为100nT，而行星际空间只有几个nT。

广义地讲，地球磁层是受地磁场影响的整个空间，它是日地空间中的一个重要组成部分，也是大部分航天器活动的主要空间场所。地球磁层是一种太阳风空腔，这种特殊形态的空间是太阳风压缩的结果。

**2. 概念**

了解了地磁场与地球磁层的关系，应该不难理解，由于人们讨论问题的角度不同，对于因太阳活动导致地球空间电流体系的扰动，以及对应的地磁场扰动，会分别使用磁暴、磁层暴和地磁暴等不同的称谓。

所谓地磁暴是由太阳活动导致的整个地球磁层持续几小时到几天的剧烈扰动，主要表现为地球大部分地区地磁场水平分量（H 分量）显著减小，伴随有极光增亮并向低纬移动的现象。

地磁暴过程通常可以分为三个发展阶段：初相、主相和恢复相。

地磁暴开始之后，H 分量保持在高于暴前值的水平上起伏变化，这个阶段称作初相。这种现象有时会持续好几个小时。初相长度不确定，可以为 0 ~ 25 小时。地磁场值虽然高于平静值，但是扰动变化并不大。

初相之后，地磁场迅速大幅度下降，几个小时到半天下降到最低值，并伴随着剧烈的起伏变化，这个阶段称作主相。主相一般持续 1 天左右，在强地磁暴期间，主相可持续 2 ~ 2.5 天。主相是地磁暴的主要特点，地磁暴的大小就是用主相最低点的幅度衡量的，一般地磁暴为几十到几百纳特，有时个别大地磁暴也可超过一千纳特（nT）。有记录以来的最强地磁暴发生于 1859 年 9 月 1 ~ 2 日，地磁指数 Dst 值为 -1750nT。

主相之后，地磁场逐渐向暴前水平恢复，在此期间，地磁场仍有扰动起伏，但总扰动强度渐渐减弱，这个阶段称作恢复相。一般恢复相可能会持续2~3天。

3. **分类**

根据地磁暴成因的不同，可以分为急始型和缓始型。

地磁暴的初相持续几分钟至几十分钟者称为急始型地磁暴。急始型磁暴起源于日冕物质抛射事件，日冕物质抛射事件产生的太阳风高速流前方有行星际激波。激波冲击磁层顶时在磁层内产生强脉冲，磁暴急始便是由这个强脉冲引起的。

地磁暴的初相持续时间比较长（数小时）者称为缓始型地磁暴。缓始型磁暴与太阳风高速流共转作用区密切相关，具有27天重现性。

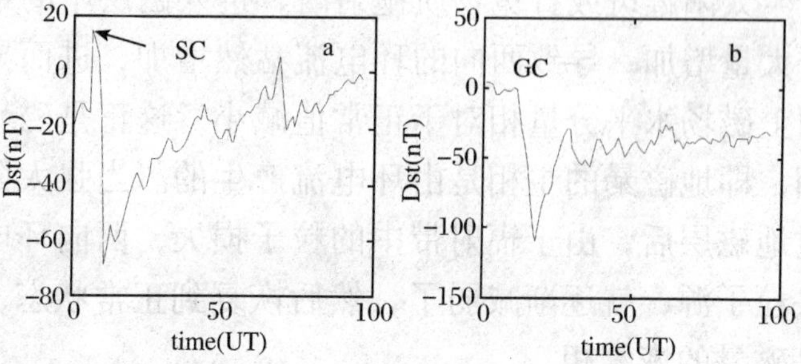


**急始型（左）和缓始型（右）磁暴对应的典型 Dst 演变**

4. **成因**

关于地磁暴的成因，查普曼、费拉罗和帕克等人提出如下的物理机制，已为现代空间观测所证实。

当太阳活动爆发时喷射的大量粒子流，在接近地球时，由于受到地磁场的作用，将在粒子流锋面（前方表面）上产生感应电流。这一感应电流将同时引起两方面的效应。其一，产生一个磁场，该磁场叠加到原来的地磁场上，从而引起地磁场发生变化，使地磁场水平分量增加，引起磁暴的初相。其二，粒子流锋面的感应电流，又受到地磁场的安培力的作用，阻止粒子流锋面进一步逼进地球，最终迫使锋面停止前进，此时磁暴初相阶段结束。可见，地磁暴的初相是由太阳风动压的增加导致磁层顶电流加大并靠近地球所致。

平常，太阳发射的带电粒子有一部分能够渗透到磁层中，形成一个环绕地球的、自东向西流动的环电流。当发生太阳耀斑或日冕物质抛射时，进入磁层中的带电粒子大量增加，导致西向的环电流猛然增加，进而导致地面上磁场水平分量相对于正常值减小，这正是磁暴的主相，即地磁暴的主相是由环电流产生的。当强太阳风吹过地磁层后，由于辐射带中的粒子损失，西向环电流失去粒子源，就逐渐减弱了，然后恢复到正常状态，这就是磁暴的恢复相。

**5. 强度分级**

为了定量描述地磁活动的强度，引入了多种地磁活动指数，比较常用的有 Kp 指数、Ap 指数和 Dst 指数。

地磁活动的强度分级表

| 指　数 | 等　级 | 对应值 |
|---|---|---|
| Dst | 平静 | > -30nT |
| | 小地磁暴 | -50 ~ -30 nT |
| | 中磁磁暴 | -100 ~ -50 nT |
| | 大地磁暴 | < -100 nT |
| Kp | 地磁平静 | 0 ~ 3 |
| | 地磁扰动 | 4 |
| | 小地磁暴 | 5 |
| | 大地磁暴 | 6 ~ 9 |
| Ap | 平静 | 0 ~ 10 |
| | 扰动 | 10 ~ 30 |
| | 磁暴 | 30 ~ 400 |

## （三）电离层扰动

### 1. 电离层及其结构

电离层是地球空间环境的一个重要组成部分，分布在距离地面大约 60 千米 ~ 1000 千米的范围内。这一区域内的地球大气部分电离，形成由中性大气、自由电子、正负离子共同组成的层次。根据电子浓度随高度的分布特征，通常将电离层分为几个特征区域：D 层、E 层、F 层，不同的层之间并没有明显的边界。

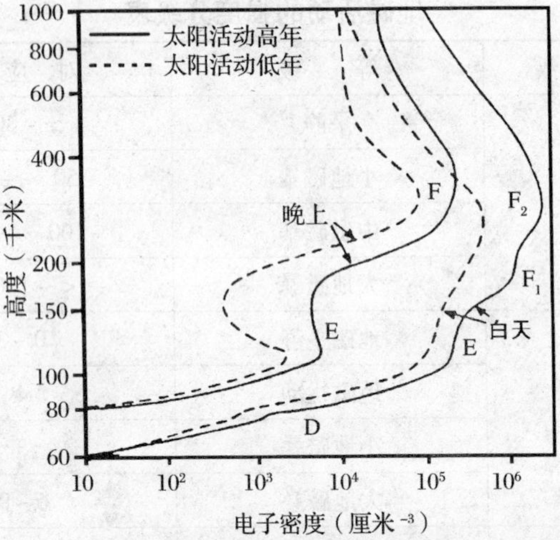


**电离层垂直分层结构示意图**

（图中实线表示太阳活动极大年，虚线表示太阳活动极小年）

D 层位于电离层的最下层，离地面约 60 千米 ~ 90 千米。白天峰值浓度和相应高度的典型值分别为 $10^2$ ~ $10^4 cm^{-3}$ 和 85 千米左右；夜间 D 层消失。无线电波中的短波在该层受到较大的吸收，太阳活动高年的吸收几乎是太阳活动低年的两倍。

E 层离地面约 90 千米 ~ 130 千米。白天峰值电子浓度及其相应高度的典型值分别为 $10^4$ ~ $10^5 cm^{-3}$ 和 115 千米；夜间峰值电子浓度下降，峰值相应高度上升。

F 层离地面约 130 千米以上，是反射无线电信号或影响无线电波传播条件的主要区域，其上边界与磁层相接。F 层又可以分为 F1 层和 F2 层。其中 F2 层白天的峰值浓度 NmF2 及其相应高度 hmF2 的典型值分别为 $1\times10^{6}cm^{-3}$ 和 350 千米；夜间，峰值浓度 NmF2 一般为 $5\times10^{4}cm^{-3}$。在任何季节，NmF2 的正午值都与太阳活动性正相关。在太阳活动高年，垂直剖面上电子浓度增大，而太阳活动低年时，电子浓度相对较小。电离层能够反射电磁波的最高频率取决于 F2 层的最大电子浓度。当垂直入射的电磁波频率大于最高可用频率时，电磁波将穿透电离层，星地通信频率都大于 F2 层临界频率 foF2。

电离层除了具有明显的垂直变化外，也有显著的水平结构。电离层水平结构存在显著的纬度差异和经度效应（时间效应）。电离层电子总含量（TEC）在赤道两侧的低纬地区，存在 TEC 峰值区，呈驼峰结构。此外，在同一地方白天的 TEC 值要大于夜晚时的值，这主要是由于太阳辐射强度存在昼夜差异所引起。

全球电离层电子总含量示意图参见彩图 7。

2. **概 念**

电离层结构并不是始终保持不变，而是存在各种形态、各种时间尺度的扰动。电离层扰动的源头主要来自于太阳，太阳的各种活动直接影响电离层的状态，特别是太阳剧烈活动会直接或间接引起地球电离层结构发生剧烈变化，使电离层状态严重偏离正常情况下的分布，从而影响军事通信、军事导航和定位等。

### 3. 分类

电离层扰动主要有突然电离层骚扰、极盖吸收事件、电离层暴和电离层闪烁。

(1) 突然电离层骚扰

电离层突然骚扰是由太阳耀斑爆发引起的地球日照面电离层 D 层中突然的、强烈的电子浓度增加现象。

电离层突然骚扰的一个显著特点是只发生在日照面，而在地球的背阳面，由于太阳辐射的 X 射线和紫外线被地球遮挡而不会发生。电离层突然骚扰持续时间一般持续十几分钟至几十分钟，严重时也可能持续几小时。电离层突然骚扰持续时间虽然不长，但危害极大。几乎所有的稍大些的太阳耀斑都可能引起电离层突然骚扰。

(2) 极盖吸收事件

在太阳耀斑期间，太阳风粒子在极区的沉降，使得地面上 50 千米～90 千米高度范围的电子密度急剧增加，导致极盖区短波通信衰减的现象称为极盖吸收事件。质子的运行速度比 X 射线的运行速度（光速）慢，一般要几十分钟至十几小时才能到达地球。极盖吸收事件差不多总是跟随在一个主要的太阳耀斑之后，耀斑的出现时刻和极盖吸收事件的开始时刻之间的时差通常为 1 小时至几小时。吸收增强的持续时间通常为 3 天左右，最短为 1 天，最长可持续 10 天。

极盖吸收事件主要危害洲际广播通信等跨极区和高

纬度地区的短波无线电传播系统。在太阳活动高年每个月约有一次极盖吸收事件，在太阳活动低年每年有 1~2 次极盖吸收事件。

(3) 电离层暴

太阳剧烈活动期间，引起与地磁暴近同时发生的电离层全球扰动现象叫做电离层暴。电离层电子浓度主要集中在 F2 层高度，电离层暴期间 F2 层临界频率（foF2）的变化较大，可达到 ±50% 以上，所以一般所指的电离层暴是指 F2 层暴。

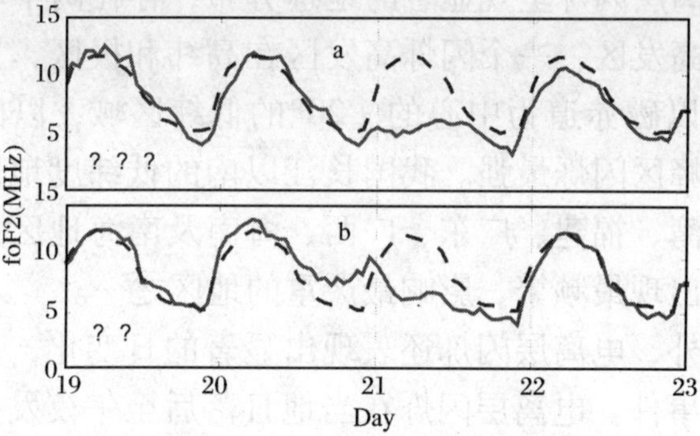


**2001 年 3 月 19 ~23 日的电离层期间电离层临界频率 foF2 演变曲线**

（虚线和实线分别表示月中值和实测值）

同磁场变化一样，在平静日电离层也有日变化，在研究电离层暴时需要把平静日变化除掉，将 foF2 的扰日值减去静日值记为 dfoF2。在伴随地磁暴的 F2 层扰动期间，人们通常把 dfoF2 $>0$ 称为正相扰动即正暴，正暴期间 F2 层的最大电子浓度 NmF2 增大；dfoF2 $<0$ 称为负相扰动即负暴，负暴期间 F2 层的最大电子浓度 NmF2 减小；在中纬的春秋季通常在正相扰动之后出现负相扰动，称为双相扰动。

(4) 电离层闪烁

电离层闪烁是指电波信号穿越电离层时由于沿着信号传播路径上的电子密度的不均匀性（电离层不均匀体）而导致的幅度、相位的快速波动。

电离层闪烁呈现显著的地理分布，存在两个电离层闪烁的高发区，一个闪烁高发区在高纬和极区，另一个集中在以磁赤道为中心的 $\pm 20^{\circ}$ 的低纬区域，以磁赤道异常驼峰区闪烁最强。我国长江以南的低纬度地区，特别是台湾、福建、广东、广西、海南及南海地区是电离层闪烁出现最频繁、影响最严重的地区之一。

此外，电离层闪烁还表现出显著的日变化，基本属于夜间事件。电离层闪烁在当地日落后至午夜发生，日落后 2 ~ 3 小时内出现率达到最大值，以后逐渐减少。

**4. 成因**

电离层扰动的成因非常复杂，其根本原因是太阳活动的驱动，包括太阳高能辐射（X 射线、紫外辐射）导致的电离效应、高能粒子的极区沉降和输送、粒子碰撞效应，此外，还包括热层及以下层次中重力波、潮汐波等引起的中性大气成分的垂直输送作用。

(1) 电离层突然骚扰的成因

由于伴随太阳耀斑产生的高能电磁辐射（紫外和X射线）显著增强，并且以光速传播，约8分多钟到达地球，被地球大气上空60千米~90千米的大气吸收，使得电离层底部（即D层）电离密度急剧增加，电子和中性成分粒子的碰撞频率增加，从而使得对无线电波的吸收增强，导致地球向阳面短波通信突然中断。

(2) 极盖区吸收事件的成因

由于太阳爆发性活动导致由太阳发射的能量在5~20MeV范围的质子沿着地磁场磁力线沉降到极盖区上层大气中，使得地面上50千米~90千米高度范围的电子密度急剧增加，从而导致宇宙射电噪声突然下降，通过极盖区的短波信号吸收增加。吸收的程度可由接收到的宇宙噪声信号强度的变化来表示，以分贝（dB）为单位。

(3) 电离层暴的成因

NmF2含量正比于O/ $N_2$ 浓度比，即原子氧相对增加会使NmF2上升，$N_2$ 分子相对增加会使NmF2下降。在此基础上，被广泛接受的中高纬电离层负暴机制是：磁暴期间，由于极光椭圆带区域热层底部大气受到粒子沉降和焦耳加热，使得下层气体受热上升。受热上升的气体带有较多的 $N_2$ 分子成分，这些含有较多 $N_2$ 分子的气体不断向外膨胀和扩散，同时被赤道方向的中性风携带到中纬，使中高纬的O/ $N_2$ 浓度比降低，从而电子浓度减小，因此在高纬和中纬产生负相电离层暴。关于正暴的一种可能机制是：磁暴期间，极光粒子沉降和极光电集流在电离层中产生的焦耳热使极光椭圆带的热层大气被加热，从而驱动了由极区向赤道方向的热层风。电离层中的等离子体被中性风携带沿磁力线漂移。由于北半球磁力线是向北下倾的，南向的中性风将引起等离子体向上漂移，使得 F2 层峰值升高。随着峰值高度的升高，电子的损失系数比其产生率减小得更快，因而 NmF2 增加形成正相电离层暴。产生正暴的另一种可能机制是由于原子氧在中纬度地区的沉降导致 $O/N_2$ 浓度比升高造成的。

（4）电离层闪烁的成因

电离层中存在不均匀结构（不均匀体、偶发 E 层（Es）和扩展 F 层）是电离层闪烁的形成机制。不均匀体的尺度从数十厘米到数千千米，密度相对变化由百分之几到百分之几十。通常认为，不均匀结构主要是磁场扰动等自然因素对电离层的影响造成的，但人为因素也起相当的作用，如核爆炸的影响、空间飞行器的扰动、大功率的电波加热等，潮汐波、台风等对流层扰动的垂直传播也会对电离层结构产生影响。

**5. 强度分级**

由于电离层扰动受不同的太阳活动驱动，因此体现出显著的周日变化和复杂的地理分布，并且不同的电离层扰动类型，其强度分级依据和标准也不同。对于电离层突然骚扰，通常采用太阳 X 射线流量进行分级；对于电离层闪烁、极盖区吸收事件和电离层暴，目前还没有普遍接受的量化指标，闪烁指数 $S_4$、宇宙噪声强度和 F2 层临界频率 foF2 的变化率也许是一种可供参考的指标。

由于电离层扰动主要影响无线电通信，美国空间天气预报中心（SWPC）在其业务中定义了无线电衰减指数 R，描述电离层扰动的强度分级。

**无线电衰减指数 R**

| R 指数 | 分级标准（X 射线流量） | 影响效应 | 平均出现频率 |
|---|---|---|---|
| R5 极端 | X20 ($2.0\times10^{-3}$) | 向日面的高频通信中断多个小时；向日面的潜艇和航空用低频导航信号中断多个小时，卫星导航的定位误差持续多个小时 | 每太阳活动周不足 1 次 |
| R4 严重 | X10 ($1.0\times10^{-3}$) | 向日面的高频通信中断 1 至 2 小时；向日面的潜艇和航空用低频导航信号中断 1 至 2 小时 | 每太阳活动周 8 次（8 天） |
| R3 强烈 | X1 ($1.0\times10^{-4}$) | 大范围高频通信中断近 1 小时；低频导航信号中断近 1 小时 | 每太阳活动周 175 次（140 天） |

续表：

| R 指数 | 分级标准（X 射线流量） | 影响效应 | 平均出现频率 |
|---|---|---|---|
| R2 中等 | M5（$5.0\times10^{-5}$） | 部分高频通信中断数十分钟；低频导航信号衰减或中断数十分钟 | 每太阳活动周 350 次（300 天） |
| R1 小 | M1（$1.0\times10^{-5}$） | 轻或弱程度的高频通信衰减，短时通信中断；低频导航信号短时衰减 | 每太阳活动周 2000 次（950 天） |

## （四）极光

在人烟稀少的地球极地，时常会有璀璨壮丽、千变万化的美丽光带滑过夜空。出现在北极的称之为“北极光”，出现在南极的则称之为“南极光”。极光主要出现在极地，生活在中低纬度区域的居民，难得一睹它的芳容，这就让极光愈显神秘。

### 1. 概念

极光是由太阳喷发出来的带电粒子（质子与电子）在地球磁力线的引导下，进入地球极区高层大气，并与那里的原子、分子相互作用而产生的一种发光现象。

**2. 分类**

极光的形态、亮度、颜色和位置都是变化多端的。极光圈分布见彩图8，各种色彩的极光见彩图9。

极光按形态可以分为4类：①带状极光。均匀的较稳定的光弧光带，厚度几千米至几十千米，长达1000千米，移动速度慢。②射线状极光。带有射线式结构的光帘幕、光弧、光柱和光带等，平均厚度约200米，长数十至数百千米，移动速度快（50千米/秒）。③弥漫状极光。主要指云形斑块群，每块光斑面积在100平方千米左右，亮度最低，只有很强的弥漫状极光才能被肉眼看到。④大的均匀发光面。常见的红色极光光面就属于这一类。

按极光的激发源，可以分为电子极光和质子极光。上述可见光极光都是电子极光。质子极光是指由高能质子引起的极光，数量很少，只有在太阳活动峰年爆发大耀斑后才能看到。

按发生的区域可以划分为极光带极光、极盖极光和中纬度极光红弧。极光带极光通常指磁纬60°~70°之间的极光；极盖极光分布在磁纬75°~90°地区，中纬度极光红弧分布在磁纬40°~60°地区，仅在太阳活动很强时才有，并且与大的磁暴同时出现。

按辐射的电磁波波段可以分为可见极光、红外极光、紫外极光和X射线激光。可见极光又分为红色极光（主要波长是630纳米和634.6纳米）、绿色极光（波长以 557.7 纳米为主）和下缘为红色的极光。

3. **成因**

早在 2000 多年前，我国就已经出现了关于极光的记载，而在古代的日本、希腊、罗马也都有关于极光的文字描述。在一些民族的想象里，极光被赋予崇高的含义，比如爱斯基摩人就认为它是鬼神引导死者灵魂上天堂的火炬。

由于科学知识的贫乏，在很长的时间里，人们对极光性质的解释近乎荒诞。一种看法认为，极光是地球外面燃起的大火，因为北极区临近地球的边缘，所以能看到这种大火。另一种看法认为，极光是太阳西沉以后，透射反照出来的辉光。还有一种看法认为，极地冰雪丰富，它们在白天吸收阳光，贮存起来，到了夜晚释放出来，便成了极光。

进入 19 世纪以来，科学家试图从科学的角度来认识极光产生的原因。有研究认为，肉眼可见的极光是由太阳风（是太阳连续不断地向宇宙空间辐射出的稳定粒子流）与大气原子冲撞产生的，这种看法一度成为极光成因的主流观点，被各种类型的科普书籍不断引述。

然而，后来空间物理学家通过观测发现，太阳风与大气原子冲撞后可以产生极光，但这种极光极其微弱，而且其沉降区主要在白天一侧，肉眼一般无法看到，并不是人们看到的极光的来源。20 世纪 80 年代末期，美国和欧洲科学家又在地球空间磁尾发现向地球运动的带电粒子爆发性高速流。

2006 年，中国科学院空间科学与应用研究中心曹晋滨博士所带领的研究组，在分析欧空局“星簇计划”(Cluster) 数据的基础上，发表研究论文，再次证实：95%的磁层亚暴发射高速粒子流时，南北纬 65 度到 70 度的椭圆形带区域都出现了极光现象。

4. **分布**

由于引起极光的带电高能粒子受地球磁力线的引导，因此，极光的分布更大程度上依赖于地磁纬度，通常极光都出现在磁纬高于南北纬 60 度的极光带。

此外，由于地球磁轴与地球自转轴存在近 11 度的偏差，因此，在相同地理纬度条件下，由于北欧和北美地区磁纬较高，在冰岛、挪威的人们，可以更经常地在夜间观测到极光。我国所处位置的地磁纬度较地理纬度低，故只在黑龙江的漠河与新疆的山口地区，才较容易观测到极光。

挪威科研人员 2009 年在英国《自然》杂志上发表报告称，极光在北极和南极有着不同的表现形态，北极极光在早上最强，南极极光多集中在晚上。

5. **与太阳活动的关系**

极光的出现与太阳活动强弱有密切的关系。从长期来看，极光出现的频次具有 11 年左右的周期性，与太阳活动周期相同。如果将每年的极光频次与太阳黑子数点在图上，二者随时间变化的曲线趋势是一样的。

但是黑子曲线的峰值和谷值比极光曲线的峰值、谷值要超前1～2年。我们知道，太阳耀斑的峰值也在黑子峰值后1～2年。可推知，极光与太阳耀斑的关系十分密切。

观测及统计表明，在太阳耀斑爆发后，一般都出现极光，并且极光的强度随耀斑的增强而增大，极光出现的地区也扩大到中低纬地区。

# 4 太阳风暴及其响应的影响

## (一) 对航天活动的影响

1957 年 10 月 4 日，苏联发射的第一颗人造卫星“斯普特尼克”（Sputnik）一号进入太空，标志着人类迈进了空间时代。此后一些国家相继发射了大量的人造卫星、空间探测器、航天飞机和空间站等。据统计，1957~2007 年间，世界各国共计发射 6000 多个航天器。在所有的航天器中，大部分属于军用航天器，直接以军事目的和为军事服务的约占 70%。随着世界各国的航天活动的开展，越来越意识到空间环境（包括空间天气、流星体、空间碎片、日凌等）的重要性，特别是近地恶劣空间环境的负面影响。

### 1. 高层大气扰动对航天活动的影响

太阳风暴地球空间效应引起的高层大气扰动，对航天活动的影响主要表现在两个方面，一是对航天器的轨道衰变效应，导致其轨道衰变直至陨落；二是高层大气中的原子氧对航天器表面的化学剥蚀效应。

（1）轨道衰变效应

对于低轨道卫星来说，高层大气密度、成分、温度和压力等直接影响轨道的定位、轨道衰变率和在轨寿命，其中以大气阻力造成的轨道衰变效应最为突出，因此必须在发射前根据飞行高度和飞行时间计算出大气阻力的可能影响，以确定所携带的燃料量。

在太阳风暴爆发期间，高层大气密度会出现显著的扰动，随着大气密度的增加，大气阻力也显著增大，会导致卫星轨道衰变率的提高。如：1989 年 3 月 13 ~ 14 日发生的大磁暴，使高层大气密度突然增大约一个数量级，由此导致的飞行器轨道高度定位误差达 100 米，致使美国监测网对多颗卫星的跟踪丢失。

（2）原子氧剥蚀效应

地球大气层在太阳紫外线电离作用下可产生大量原子氧。在距离地面 200 ~ 500 千米高度范围内，原子氧数密度可达 $10^{14} \sim 10^{15}/m^3$。原子氧数密度大小与入射到大气层的太阳紫外线含量有关，即与太阳活动性密切相关。航天器以约 8 千米每秒高速在轨道上运行，其迎风面接收到的原子氧通量密度约为 $10^{18} \sim 10^{19}/(m^2 \cdot s)$，能量约为 5eV，这一能量足以使许多材料的化学键断裂并发生氧化。航天器表面所接收到空间原子氧的通量大小还与航天器轨道高度、轨道倾角、在轨运行时间长短等有关，同时还与接收表面和迎风面之间的法线夹角有关。

原子氧是一种强氧化剂，对航天器表面不同的材料会产生不同程度的氧化作用，尤其是对航天器表面热控涂层的影响最大。原子氧和热控涂层相互作用，生成挥发性的氧化物，造成热控涂层质量损失，改变热控涂层的光学特性（如吸收率，发射率）和力学特性，从而对航天器的热控系统产生影响。此外，暴露在空间原子氧环境中的电缆表面的有机材料层也容易受原子氧的腐蚀，可造成有机材料层逐渐被腐蚀，严重时只剩下电缆中心的金属导线，从而对航天器产生不利影响。

国际上十分重视原子氧的剥蚀效应研究，美国为此多次利用航天飞机并发射空间长期暴露试验装置，进行多种材料剥蚀效应飞行试验研究。空间长期暴露试验装置携带了多种材料试验样品，运行在初期轨道高度为470 千米，末期近地点高度为 296 千米、远地点高度为361 千米的轨道上，该轨道具有较高的原子氧通量密度。空间长期暴露试验装置在轨运行长达 5.75 年，在斜面上接收到的原子氧通量为 $9\times10^{21}/cm^2$。下图给出其携带的卡普顿（Kapton）和特氟隆（Teflon）材料在飞行前后的电子显微镜照片，可见飞行后卡普顿材料表面变得十分粗糙、特氟隆材料表面出现裂缝，这都是由于原子氧和材料相互作用后，产生不粘合的挥发性氧化物，造成材料质量损失的结果。

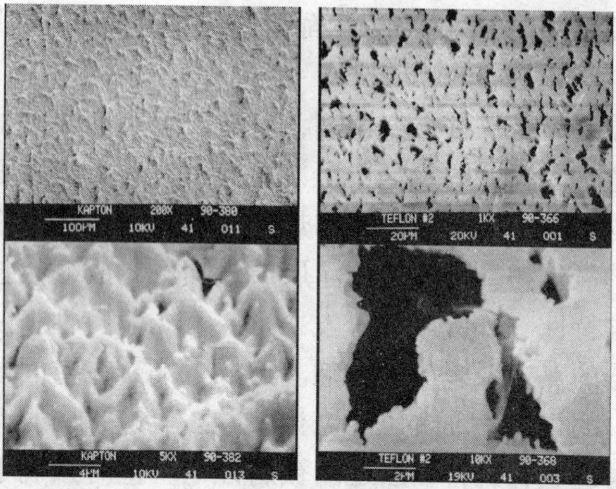


**卡普顿和特氟隆材料在原子氧剥蚀前后的电子显微镜照片**

## 2. 辐射损伤效应

空间辐射由高能、高穿透力的质子与重离子占主导地位。这些带电粒子对微电子系统和在空间活动的人类构成了主要辐射损害。辐射环境的主要研究对象包括辐射带、太阳高能粒子、银河宇宙线及异常宇宙线。

### （1）电子元器件辐射损伤效应

空间电子元器件辐射损伤效应可分为两种类型：总电离损害和单粒子效应。总电离损害是装置暴露在电离辐射环境中长期衰变的积累；单粒子效应是单个电离粒子在装置中引起的个别事件。单粒子效应又可分为两种类型：软错误和硬错误。软错误对装置是非破坏性的，可以导致存储单元状态的翻转，状态的锁定或者是发生在输入/输出、逻辑电路及其他电路的瞬间现象，也包括引起装置中断正常操作的状态。硬错误可以（不是必然）是装置的物理损坏，而且是永久的效应。装置失败当然是人们最关心的问题，但是单粒子效应通过电路、子系统和系统蔓延的问题也是很重要的。

元器件辐射损伤效应可通过屏蔽而减轻，因此，通过效应仿真分析，为航天器设计和故障诊断提供技术支持是空间天气业务的重要内容之一。

（2）生物体辐射损伤效应

轨道高能辐射环境是对航天员生命安全威胁最大的空间天气要素。航天员辐射损伤效应是由空间环境中高能粒子穿过屏蔽层作用于人体，造成人体细胞、组织、乃至器官的辐射损伤，损伤程度与辐射剂量的大小有关。

飞船轨道上高能粒子辐射环境主要有三个来源：太阳系外的银河宇宙线、偶发的高通量太阳宇宙线（又称质子事件）和地球辐射带高能粒子。

以“神舟”飞船为例，由于其轨道高度低、倾角小，地磁场对高能粒子的屏蔽作用很强，绝大部分银河宇宙线和太阳宇宙线不能到达这里，相比之下，辐射带高能粒子的影响更为突出。

在南大西洋上空，存在一个地磁场的低值区，导致带电粒子可以到达较低的高度，称为南大西洋异常区。在南大西洋异常区中心区域，高能质子的通量是宇宙线背景的数百倍，是“神舟”飞船轨道最重要的辐射源。

为确保航天员的安全，在确定航天员出舱活动时机时，一方面要根据飞船轨道预报规避南大西洋异常区，另一方面要做好质子事件的预报，避免太阳高能质子的威胁。

**3. 空间等离子体对航天器充放电的影响**

在近地空间存在着大量的等离子体，当航天器在这些区域运行时，由于航天器与等离子体的相互作用，会导致航天器的充放电效应。

(1) 表面充电

表面充电是能量不能穿透飞行器表面的等离子体与运行其中的飞行器相互作用，在航天器外表面上的电荷积累现象。表面充电包括绝对充电和不等量充电两种类型。如果表面全都是金属，整个航天器将充电到相同的电位，这个过程称为绝对充电。绝对充电只是瞬时过程，特征周期是毫秒的量级；如果航天器表面使用电介质材料，表面不同部位可能具有不同的电位，这个过程称为不等量充电，不等量充电具有秒到分的时间尺度。

(2) 内部充电

航天器内部充电，是指空间带有足够能量（0.1～10MeV）的带电粒子穿透航天器表面，在介质内传输生成一个层间电荷结构的过程，故又称为深层介质充电，也有称为体内充电、浸入充电。高能带电粒子穿透航天器的屏蔽层，沉积在电介质内。当电荷的积累率高于电荷的泄漏率时，这些电荷产生的电场有可能超过电介质的击穿阈值，产生静电放电，从而造成航天器某些部件的损坏，最终导致航天器完全失效，带来严重的损失。

**4. 地磁场对航天器的影响**

地磁场是航天器轨道环境中的重要物理因子，对航天器的影响有利有弊。有利之处包括：地磁场可以减缓太阳高能粒子对航天器的冲击；航天器可以利用地磁场进行姿态定位。

有些卫星利用地磁场帮助定向，或利用地磁力卸载动量，减慢反作用轮转动速度。在地磁暴发生期间，地磁场剧烈的不可预测的变化可能使卫星指向发生错误。据有些报告，地磁活动指数 Kp =4 时就可能发生此类事件，但通常此类事件发生条件为 Kp≥6。

航天器本身和星载仪器大部分是铁磁性物质，它具有固有磁矩。星载仪器的工作电流回路也相当于一个等效磁矩。在地磁场的作用下，卫星自转轴的方向和姿态参数会发生变化。地磁场作为一种摄动力的来源，也会引起卫星轨道偏离开普勒轨道。当航天器在地磁场中旋转时，会产生感应电流，从而消耗航天器的动能，形成一种阻力。地磁场对航天器产生的磁力矩与它的转动惯量、自旋角度及磁场强度成正比。这个力矩可以分解为一个自旋衰减力矩和一个旋进力矩，这两个分量使卫星自旋衰减，自旋轴方向发生变化。

地球静止轨道卫星还会遭遇磁层顶穿越事件。地球磁层的向太阳一侧边界称之为磁层顶，通常距离地心约10个地球半径。太阳风的压力变化（由太阳风的速度、密度和磁场变化而引起）会改变这个边界的位置。在高速、高密度和强南向磁场的太阳风的作用下，这个边界可能被压到距离地心小于6.6个地球半径处。因而地球同步轨道卫星短时间（数分钟到数小时）内会暴露在恶劣的太阳风环境中，故障几率大幅提高。

### （二）对通信系统的影响

1902年，肯涅利（Kennelly）和亥维赛（Heaviside）两位科学家为了解释无线电波的反射而假设有“导电层”包围着地球，这就是电离层，它是大气层的一部分。当时人们以两位科学家的名字命名它为肯涅利—亥维赛层。1925年，阿普里顿（Appleton）和巴涅特（Barmett）利用电波的干涉原理首先证明了电离层的存在。无线电工程师们把这样一部分大气层定义为电离层，其中存在足够的电离气体成分以至于它能影响无线电波的传播。

作为无线电波的传播媒质，电离层的电磁特性比较复杂。特别是太阳风暴会导致电离层突然骚扰、电离层暴、极盖吸收事件以及电离层闪烁等电离层扰动事件。因此，太阳风暴吹袭地球对电波传播的影响是值得关注的又一类重要灾害性空间天气效应。

**1. 对短波通信的影响**

一定频率的无线电波能被电离层反射回地面传播到更远的地方（2000 多千米），这就是远距离短波通信和短波广播的基本原理。电离层中 F 层电子密度最大值决定了它能反射的电波的最高频率，大于这个频率的信号将穿透电离层不能反射回地面，短波通信中称这个频率为“最高可用频率”（MUF）。电离层最大电子密度下降，最高可用频率也下降。另外，在电离层的底部由于中性大气分子的密度较大，电子会通过碰撞把它的能量转给中性大气。当电离层底部电子密度增大时，电子会把照射到它的电波能量更多地转移给中性大气，导致对电波的吸收。因此，电离层底部的电子密度决定了另一个频率，称为“最低可用频率”（LUF），在这个频率以下，信号被吸收得很严重，导致电波传播中断。

当太阳爆发性活动期间，发射的 X 射线等电磁辐射或高能粒子数量增大，电离层底部的电子密度会突然增加，使得短波通信最低可用频率上升，可用频带变窄。当太阳发射的、携带大量高能粒子的气体（太阳风）加强时，地球的磁场被压缩，导致部分地区的电离层最大电子密度下降，短波通信最高可用频率也下降，同样导致可用频带变窄。严重的电离层扰动，会使整个短波频带都不能通信。

2. **对卫星通信系统的影响**

卫星通信采用的频率都大于电离层的临界频率，能穿透电离层的F区。对于卫星通信所用的VHF频段及其以上频率，电离层的吸收和反射已不重要。主要影响是电离层的快速随机变化引起的信号的快速随机起伏，又叫做电离层闪烁。

电离层闪烁的表现之一是信号幅度的随机起伏，称为幅度闪烁，它导致信号幅度的衰落，使信道的信噪比下降，误码率上升，严重时使卫星通信链路中断。这种现象在低纬度地区的夜间尤为频繁，影响也最严重，另一个频繁出现的区域是常出现极光现象的极光区和极盖区。我国的台湾—广州一线以南的地区直到南海版图的最南边是电离层闪烁的高发区，影响也比较严重。海事卫星通信在这些地区经常出现的通信中断现象大部分是电离层闪烁的结果。在赤道地区235MHz频率上观测到29dB的信号幅度闪烁，我国的战术通信卫星“烽火一号”就工作在相近的频率上。在L频段最严重的电离层闪烁能达到20dB以上，GPS卫星、GLONASS卫星、“北斗一号”卫星、海事通信卫星，以及目前低轨道个人卫星移动通信所用的下行频率都在这个频段上。在C频段（4GHz）香港地区还观测到9dB的闪烁，许多通信卫星和电视广播卫星工作在这个频段。闪烁的持续时间最长可达3小时以上，这是大部分星地无线电系统所不能容忍的。测量表明，甚至在12GHz的频率上低纬地区电离层闪烁的影响仍不可忽视。

电离层电子密度产生卫星信号的附加相位，电子密度的快速变化导致信号相位的快速变化，导致通信系统的误码率增大。电离层引起的相位随机变化称为电离层相位闪烁，它对现代大容量数字通信的影响尤其重要。

电离层电子密度的变化产生无线电信号的极化变化(波的极化方向是指波场矢量的方向)，电离层的作用是使波的极化方向发生旋转，又叫法拉第旋转。法拉第旋转使信号的极化发生变化，这种变化称为极化闪烁，它产生极化损耗。

除此之外，电离层闪烁决定了允许穿透电离层的信号的相干带宽，这是现代新型星地无线电系统设计要考虑的因素。电离层闪烁出现的长期统计特性也是新型星地无线电通信系统设计所必须考虑的，尤其是系统余量设计和可靠性设计。未来的卫星通信朝移动化、小型化、大容量、高速率和多媒体的方向发展，电离层闪烁将会成为影响卫星通信技术发展的重要问题之一。

**3. 对卫星导航定位和测控系统的影响**

卫星导航的原理是卫星导航接收机接收卫星发射的导航信号，测量接收机到每颗卫星的距离，在已知卫星位置的前提下求解导航接收机的位置。卫星导航信号穿过电离层产生的误差是重要的误差源之一，对于 GPS 和 GLONASS 卫星导航系统，电离层产生的误差高达几十米甚至百米量级。由于 GPS 和 GLONASS 卫星信号在地面都很弱，电离层快速变化产生的信道衰落，严重时能使卫星导航系统出现暂时的失效。

据报道，GPS 接收机在低纬地区出现过连续几小时的中断。我国自行研制的“北斗一号”双星定位系统工作频率同样采用了与 GPS 和 GLONASS 相近的 L 频段，因此电离层的影响是不可避免的，虽然采取了一定措施，要进一步提高系统的精度、扩大其应用范围，如何更好地解决电离层和对流层大气的误差源是技术的关键之一。电离层对卫星导航定位有如下几方面的影响：

首先，电离层折射率与真空折射率不同，其折射效应使信号传播速度小于光速，产生附加的时间延迟和导航误差，叫做折射误差，是电离层产生的主要误差，它与电离层 TEC 成正比。折射误差始终存在，随电离层的变化而变。另外，由于电离层折射，导航信号在电离层中的传播路径偏离接收机至卫星的视线产生路径弯曲，当卫星相对于地面的仰角很低时，由此产生的附加时延比较严重。

其次，电离层电子密度产生导航信号的附加相位，以信号相位测量距离的导航系统会由于这方面的影响而产生误差。电离层引起的相位变化同样产生测速误差。

再次，电离层电子密度引起的折射效应变化，产生测量信号到达角的变化，对于以测量到达角变化来测速的系统，到达角测量误差也引起测速误差。

除此之外，电离层闪烁，尤其是低纬地区电离层的随机变化引起的电离层闪烁，也产生测距和测速误差。在一定情况下这种误差还比较大，理论研究表明，极端情况下，电离层闪烁产生的测距和测速误差接近折射误差大小。

电离层对无线电测控系统的影响在理论上与对卫星导航定位的影响相似。卫星测控系统的被测量对象在空间，测量站位置在地面，而卫星导航定位正好相反。因此，电离层对卫星测控的影响与在卫星导航定位中的地位相当，电离层在卫星导航中的影响在卫星测控中同样存在。只是卫星测控系统的信号两次穿透电离层，故电离层效应加倍。

**4. 对低频/甚低频导航定位的影响**

低频/甚低频（LF/VLF）无线电导航的原理，是通过同时接收几个低频/甚低频发射台的信号，在知道发射台精确位置的前提下求解接收机位置。LF/VLF 导航信号是在地面与电离层底部形成波导内传播的，利用信号的相位时延来测距。当电离层底部的电子密度加强时，电离层底部所在的高度下降，LF/VLF 信号在地面——电离层波导中传播的相位时延变化，带来导航定位误差。在太阳 X 射线增强导致的电离层突然骚扰期间，这种误差尤其严重，最高达十海里的量级。

### 5. 对其他无线电技术系统的影响

(1) 对精确时间同步的影响

对于通过卫星进行时间同步的技术系统，电离层中的时间信号传播速度小于真空中的光速以及传播路径弯曲产生的附加时延，是时间同步的主要误差。电离层状态预测越准确，时间同步精度越高。产生附加时延的原理与导航定位系统的情况一样。

太阳风暴引起短波授时信号的传播时延发生变化而产生时间同步误差，严重时可导致短波授时信号中断，与对短波通信影响的道理相同。长波授时信号受到电离层的影响与长波导航受到的影响相似。我国还没有自己的卫星授时信号，时间标准的传递主要靠短波授时和长波授时。因此，在时间精度方面，电离层的影响是产生误差的一个重要因素。

(2) 对地基雷达的影响

首先，太阳风暴对短波雷达影响最大，最典型的短波雷达是短波超视距雷达，它利用短波信号被电离层反射来实现对视距以外目标的探测，是探测距离最远的预警雷达，这种雷达对电离层的依赖最大。其次，电离层的变化影响到探测目标地面距离的反演，当电离层变化比较平稳时，目标地面距离的反演也比较准确，一旦电离层发生快速变化，地面距离的反演精度就比较差。电离层的扩展 F 不规则体的散射产生严重短波雷达回波，由于探测信道的快速变化，严重时雷达不能正常工作。

解决问题的唯一办法是电离层实时探测直接用于雷达测距的反演。

短波至微波波段的地基雷达探测电离层中的目标，受太阳风暴的影响在原理上与卫星导航定位系统受到的影响相同，电离层效应加倍。首先，电离层对电波的折射效应，使得雷达波瓣与自由空间波瓣宽度不同，波瓣展宽导致雷达的空间分辨率下降。第二，电离层的色散和散射是雷达脉冲展宽导致雷达距离分辨率下降的原因。与导航定位的影响相同，电离层引起雷达的目标距离测量误差。其次，电离层的快速变化使雷达回波的幅度和相位产生随机起伏，这些效应导致雷达对目标的测角、定向、定位产生误差，以及目标亮度的误差，其影响与雷达工作频率有关，频率越低误差越大，VHF 到 UHF 频段的星载雷达受电离层的影响都非常严重。除此之外，电离层还产生雷达波瓣展宽和波束畸变，对于综合孔径雷达的图像分辨率具有严重的影响。

电离层中的不同尺度的电子密度不规则体也是影响地基雷达探测空间目标的因素。常发生在电离层 E 区和 F 区的电子密度不规则体，产生非常强烈的后向散射雷达杂波，降低雷达回波的信噪比，严重影响目标识别。有文献报道，电离层扩展 F 不规则体能引起 VHF 雷达回波在几分钟内增加 80dB。

(3) 对星载探测技术系统的影响

美国正在研制天基的 VHF 和 EHF 频段雷达，其主要目的是监视空间和地面目标，尤其是对伪装目标的探测。因为 VHF 到 EHF 频段的信号与微波以上频率的信号相比具有穿透伪装（如树叶）能力强的优点。我国也正在研制 P 波段的星载综合孔径雷达。太阳风暴对天基的 VHF 和 EHF 雷达的影响与对地基雷达探测空间目标的影响情况相似。同样造成目标测角、定向、定位误差和图像分辨率误差。电离层不规则体对天基雷达同样引起强烈的杂波。

对于卫星对地观测系统，由于其工作频率较高，通常太阳风暴的影响较小。但是在一定情况下电离层的影响也是必须考虑的，例如利用卫星遥感图像研究地壳的形变，在这种情况下必须首先对电离层的效应进行修正。对于一定频段的遥感雷达，电离层的效应会影响到图像的分辨率。

另外，利用雷达极化信息提取遥感信息的无线电系统，为了提高精度，必须考虑电离层的法拉第旋转效应对极化的影响。有研究表明，对于 L 频段以下的天基和地基雷达，电离层电子密度产生的法拉第旋转效应必须考虑。此外，对于遥感雷达的测距精度，在一定情况下必须进行电离层折射修正以提高测距精度。

（4）对卫星系统电磁兼容设计的影响

卫星是一个复杂的电气和电子结构的混合体，各分系统在对外辐射无线电信号的同时，其本身又受到其他分系统辐射的干扰，同时具有干扰和被干扰的两重性。

电磁兼容设计的目的就是把这两重性调整到最佳状态，由于卫星结构的紧凑性，这种最佳状态很容易被打破。即使在地面大气环境下达到了电磁兼容设计的目标，当卫星在轨时，电离层等离子体环境会破坏这种最佳状态。即使在地面按照一定的电离层状态进行卫星电磁兼容设计，太阳风暴仍可能打破这种最佳状态。例如，卫星上的天线在电离层中的辐射特性（输入阻抗、方向图、增益等）是随电离层的变化而变的，电离层剧烈变化对天线的影响有时是破坏性的。

### （三）对航空活动的影响

太阳风暴及其响应对航空飞行安全的影响，主要表现在四个方面：对航空通信质量的影响、对导航定位系统的影响、对空勤人员和乘客的辐射损伤，以及对航空电子设备的单粒子事件效应。

**1. 对航空通信和导航定位的影响**

现代航空主要依靠各种无线电设备进行通信和导航，如 OMEGA 系统，工作在甚低频段（VLF），有效范围超过 9000 千米，可用于洲际超远程导航；海事和通用航空导航系统（LORAN－C），工作在低频段（LF），适用于广阔海面的远程导航。LF、VLF 还可用于应急通信。甚高频（VHF）全向无线电信标导航系统（VOR-TAC）则可用于近距导航。近年来，民航业已广泛采用以全球定位系统（GPS）为基础的导航与着陆系统，而把上述 LORAN－C 等地基导航台链设备作为 GPS 的辅助系统。

根据上节太阳风暴对通信系统影响的分析，太阳风暴的爆发可能干扰 HF 通信、UHF 卫星通信（UHF SATCOM)、GPS 导航信号以及对日或指向极区的雷达搜索工作，不同程度地影响飞行安全。例如，HF 通信可能完全中断数小时，甚至长达一两天，无法用 HF 联络该地区的海员和飞行员；LORAN－C 的 LF/VLF 导航信号亦会中断几个小时，无法用它们定位；卫星导航定位误差在数小时中也会显著增加，并持续数日，甚至扩展至背阳面。由于在国际通信中存在语言交流障碍。因此，任何噪音或无线电信号的质量降低都可能使问题恶化。

**2. 对空勤人员和乘客的辐射损伤**

科学家已认识到宇宙辐射对空勤人员、乘客以及航空电子设备的潜在危害，发现其影响的主要因素为飞行高度、地磁纬度和飞行时间。太阳风暴能在超音速飞机的飞行高度上引起增强的辐射，对适逢极区飞行的航班来说更是如此。例如，在 2000 年 7 月 14 日的高能粒子事件期间，飞行在 1.2 万米高度上的航班所受的辐射照射剂量可能已经超过 1 毫西弗特（mSv，Sv 是度量电离辐射潜在伤害的单位）的限制，而 2003 年 10 月底至 11 月初的空间天气过程期间，高空飞行的航班可能也受到了超过辐射阈值的照射。

鉴于许多航空业人士对辐射风险的担心，美国联邦航空管理局（FAA）建议航空公司对空勤人员进行关于辐射危害的培训，并提出了商业航班空勤人员的职业辐射照射极限，包括 20 mSv/年的 5 年平均剂量值以及单一年份不得超过 50 mSv 的标准。对于怀孕的空勤人员，FAA 和国际放射防护委员会（ICRP）规定的产前辐射照射限度为 1mSv，从其向管理层报告怀孕起，怀孕期间任何一个月的剂量都不得超过 0.5 mSv。通过 FAA 分发的常规空间天气预报和警报，也可提醒有关航班采取一定的措施，使潜在的辐射照射危害最小化，进而降低机组、乘客以及飞机本身面临的风险。

中国于 2002 年 4 月 8 日由卫生部颁布了《空勤人员宇宙辐射控制标准》（GBZ140 - 2002），作为空勤人员的国家职业卫生标准。标准还要求管理部门监测评估空勤人员接受宇宙辐射的剂量，让空勤人员知道自己受到的宇宙辐射剂量的检测结果，并建立相关人员的个人剂量档案，严格控制空勤人员接受的宇宙辐射照射。

## （四）其他影响

### 1. 对输电网的影响

地磁暴是地球磁场在很短时间内发生的剧烈变化。普通物理知识告诉我们，当穿过一个闭合的导体回路的磁通量发生变化时，会在回路上产生感生电流。输电网正是这样一个闭合的导体回路。发生地磁暴时，穿过电网回路的磁通量发生急剧变化，就在电网回路上产生强大的感应电流。地磁暴在电网上产生的感应电流是大强度直流电，而电网传输的是交流电，这就在短时间内造成了输电网的失衡，某些输变电设备的局部因产生高热而烧毁。据分析，除了地磁暴强度大之外，处在高纬地区、建在火成岩上，是 1989 年 3 月魁北克水电站遭到毁灭性打击的另外两个重大原因。火成岩的电导率较低，大地磁暴的强大感应电流主要加诸于电网了，对电网造成了严重的冲击。1989 年之后，人们已注意到要尽可能避免在高纬和火成岩地区新建发电站。

除魁北克外，1989 年 3 月的强地磁暴还烧毁了美国新泽西州德拉威尔河上的一座核发电站的巨型变压器。地磁暴感生电流使变压器铁芯饱和，磁通量溢出，在高磁通密度处形成了高热点，最终变压器着火烧毁。现场分析研究表明，地磁暴电流造成的变压器铁芯饱和产生的热量不但使线圈之间的绝缘材料着火，而且融化了可以承受 3000 安培电流的粗铜丝。该变压器是 200 兆伏安蓄电站的三台变压器之一。这三台巨型变压器价值 1000 万美元，损坏之后，若无备件，须花一年的时间去重造和安装，这一年中，整个发电厂就只好停产了。幸运的是，在这次事故发生后，该核电站从一个停建的核电站卸下来一个同样型号的变压器，花了六周的时间，使该发电厂恢复发电，但是造成了每天40万美元的损失。

同样由于地磁暴产生的感应电流，1989年3月地磁暴曾引起加拿大等国长距离输油管网的渗漏事故，以及长途电报电话网故障。

**2. 对天气气候的影响**

太阳活动（太阳风暴）与天气气候的关系，又称日气关系。

早在20世纪30年代，老一辈科学家竺可桢、涂长望等就已进行了开拓性的工作。1926年，竺可桢探讨了中国降水与太阳黑子的关系，得出长江流域的雨量与太阳黑子数呈正相关，即黑子多时雨量多，黑子少时雨量少；而黄河流域则相反，在黑子多时雨量少，黑子少时雨量多。

1963年，王绍武教授研究了大气环流、大气活动中心位置多年变化与太阳活动的关系，指出22年振动是普遍存在的。特别是西风环流指数，无论冬季或夏季都表现得十分明显。对北半球来说，在太阳活动的单周峰年西风环流指数减弱，双周峰年则加强；南半球的情况恰与此相反。

还有研究表明，太阳风暴爆发导致太阳紫外辐射强度显著增强，明显加剧地球大气臭氧层的破坏。自1985年英国科学家报道南极出现臭氧空洞以来，多数科学家认为是人类大量使用氟利昂，氟利昂释放出的氯原子破坏了臭氧分子，造成了臭氧空洞。现在有一种新的提法，认为造成全球臭氧空洞的主要原因不是通常所认为的氟利昂，而是太阳风。一方面，太阳风压力使南极上空的大气层变薄，另一方面，进入南极的高能粒子比北极多，消耗的臭氧也比北极多。虽然在科学界对太阳风的高能粒子是不是南极出现臭氧空洞的主要原因是有争议的，但太阳的紫外线爆发和高能粒子都对臭氧层有影响已是不争的事实。

此外，一些学者还探讨了太阳活动（太阳风暴）与地面气温、梅雨、旱涝灾害等天气或气候现象的关系。

2009 年 7 月 18 日中国《科技日报》报道，美国国家大气研究中心的科学家经过研究后认为，太阳活动周期与地球气候变化存在内在联系，太阳活动高峰可引发太平洋类同于厄尔尼诺和拉尼娜的现象。研究表明，在太阳活动高峰期，太阳加热上空无云的太平洋地区导致海水蒸发加剧，从而增强了热带降雨和刮风，同时导致东太平洋降温。在类同于拉尼娜现象发生后一至两年间，会出现类厄尔尼诺现象。该报 2009 年 11 月 26 日报道，有气象专家认为，中国南方部分地区 11 月份遭遇的罕见低温雨（冰）雪天气可能由同期百年不遇的太阳黑子稀少的原因引起。从两篇报道可以看出，太阳活动到底怎样影响天气气候还有待深入分析研究。

丹麦于 2009 年初发表的一项研究报告认为，地球磁场能对气候产生重大影响，且地球磁场的强度和热带降雨量之间存在密切联系。

### 3. 对人类健康的影响

研究表明，心脏病、脑血管病和恶性肿瘤的发病和死亡与自然界的一些外部突发事件如太阳活动及地磁场干扰等因素有关，而且很可能某些外部因素在一定程度上对这些疾病的发病和加重等起着诱发或加速的作用。

中国一些科学家对哈尔滨、长春、北京、上海、武汉和广州6个城市在1956～1963年、1973～1983年和1984～1991年三个时间段内的心脏病、脑血管病和恶性肿瘤的死亡率与太阳黑子相对数、太阳射电流量以及地磁指数的关系进行分析后发现，脑血管病的死亡率与某些太阳及地磁活动因子之间存在着明显的相关关系。

流感大流行曾造成无数人死亡。1918年的“西班牙流感”就曾造成全球约5000万人丧生，仅西班牙就达800万人。那么，流感与太阳活动有关系吗？目前虽然尚无定论，但有关科学研究结果表明，从1761年以来发生的10余次世界性流感大流行，大多与同时期太阳活动的高峰相一致。英国天文学家霍依尔和辛格针对1989年首先暴发于英国的流感状况，追根溯源地进行了研究，认为流感病毒来源于宇宙空间。

这一结果看起来有些不可思议，但对我们不无启发与警示作用！2009年3月起源自墨西哥并随后在全球蔓延的甲型H1N1流感，好像与太阳活动处于高峰期无关。因为一个事实是，甲型H1N1流感流行的这个时期，太阳活动处于近 100 年来最低潮，从宇宙中照射到地球的射线量是 50 年来的最大值（据 2009 年 6 月 30 日中国《科技日报》报道）。不过，我们是否应该重视科学家已经作出的预测——2011 年前后可能爆发强烈太阳风暴？因为假如霍依尔和辛格的研究结果正确，是不是意味着今后会有更严重的甲型 H1N1 流感流行，会不会在 2011 年左右爆发较之 2009 年甲型 H1N1 流感厉害得多的大流感？对此世界卫生组织以及包括我国政府在内的不少国家是有初步认识的。恐怕全社会既要积极研究太阳活动对人类健康影响问题，又要积极制订好应急预案，真正做到防患于未然！

# 5 空间天气探测

太阳风暴是灾害性空间天气事件的驱动源，太阳风暴探测是空间天气探测的最重要组成部分，空间天气探测则是空间天气学研究、建模和预报的基础。所以，加强空间天气探测对于人类经济社会发展十分重要。在本书此后的各部分，我们一般使用“空间天气”而不单独使用“太阳风暴”。

## （一）空间天气探测的特点

**1. 探测的空间范围大**

从地面 20 ~ 30 千米以上直至太阳，有物理性质和结构很不相同的 5 个空间区域：太阳大气、行星际介质、磁层、电离层和中高层大气。这些空间区域已成为人类研究的重要区域，是空间天气探测的主要对象。

因此，根据探测对象的空间层次的不同，可以分为太阳活动探测、行星际探测、磁层探测、电离层探测、中高层大气探测和地磁探测等。

**2. 探测的对象和参数多**

空间天气探测的主要对象包括：太阳活动、多波段电磁辐射增强、日冕物质抛射事件、太阳质子事件、行星际太阳风扰动、行星际磁场方向变化、磁层亚暴和磁暴、粒子沉降、辐射带变化、电离层扰动和闪烁、中高层大气密度和温度、风速和成分等的扰动以及空间电流体系变化等。

**3. 探测对象的空间、时间尺度的变化范围大**

空间尺度从行星际激波的 $10^6$ 千米到中高层大气的 1 千米左右；时间尺度从几分钟、几小时、几天到 11 年太阳活动周变化。

此外，空间天气探测对象还存在地域性和全球性的差异。地域性如地磁异常、粒子沉降、电离层异常、地形地貌对中高层大气的成分、状态的影响；全球性如存在随地球的经、纬度的全球分布与变化。

**4. 探测对象的相关性强**

日冕物质抛射、行星际激波、地磁暴、电离层暴、中高层大气中的热层暴和银河宇宙线暴等都存在很强的时序与因果相关性。

空间天气探测的这些特点，要求空间天气探测不断完善和建立天地基一体化的综合探测系统，以了解日地空间物理过程的三维全球结构和灾害性空间天气事件的时序与因果关系。

## （二）太阳与行星际探测

太阳风暴是引发灾害性空间天气事件的驱动源，因此对太阳活动及其在行星际传播的探测是空间天气探测研究的重点。

太阳活动的地基探测具有悠久的历史。中国是最早有太阳黑子记录的国家，《汉书五行志》载有公元前28年3月的太阳黑子观测“日出黄，有黑气大如钱，居日中央”。1610年伽利略发明望远镜后，西方开始有了太阳黑子的仪器观测记录。1908年，美国天文学家G. E. 海耳开创了太阳磁场探测这一新领域。20世纪30年代，法国天文学家李约发明了偏振干涉滤光器并用于太阳观测，发展了单色光太阳观测。

### 1. 探测内容

太阳及行星际探测的内容非常丰富。从探测的频段上，可分为X射线探测、极紫外探测、可见光探测、射电探测等；从探测要素上，可分为温度场探测、磁场探测、速度场探测；从探测层次上，可分为光球探测、色球探测和日冕探测；从探测产品形式上，可分为成像探测和流量（通量）探测。行星际探测主要是测量行星际太阳风的各种参数，包括行星际磁场、太阳风等离子体的运动速度、密度、温度等。

**2. 探测设备**

太阳及行星际的探测设备极端多样，主要有以探测太阳光球和光球活动为主的太阳光球望远镜（photospheric telescope），以探测色球和色球活动为主的太阳色球望远镜（chromospheric telescope）、太阳射电流量计和射电日像仪，专用于日冕和日冕活动观测的日冕仪（coronagraph）以及探测太阳磁场的太阳磁场望远镜。行星际探测仪器主要包括磁场探测器、电场探测器、高能粒子探测器、等离子体探测器、中性粒子探测器和微流星体探测器等；行星际闪烁仪是唯一的地基行星际探测设备。

**3. 主要太阳观测台站**

太阳活动的地基探测主要由分布在世界各地的天文台承担。其中影响较大的有中国国家天文台的怀柔太阳观测站，美国国立太阳观测台（NSO）所属的萨克拉门托峰（Sacrameto Peak）观测台与基特峰（Kitt Peak）观测台，隶属高山天文台的莫拉克亚山（Mauna Loa）太阳观测台，以及大熊湖太阳观测台（Big Bear Solar Observatory）等。

地基太阳观测台对环境有较苛刻的要求，不仅要求有较高的日照天数，而且要求大气有较高的透明度和视宁度。因此，选址工作是一项重要和复杂的工作，许多重要太阳观测台都设立在高山或湖泊附近。

**主要地基太阳观测机构**

| 天文台 | 地　点 | 主要设备 |
|---|---|---|
| 国家天文台怀柔太阳观测站 | 中国　北京 | 太阳多通道望远镜 |
| 萨克拉门托峰太阳观测台 Sacrameto Peak Solar Observatory | 美国　新墨西哥州 | Dunn 太阳望远镜（Dunn Solar Telescope，简称 DST） |
| 基特峰太阳观测台 Kitt Peak Solar Observatory | 美国　亚利桑那州 | McMath - Pierce 太阳望远镜（McMath - Pierce Solar Telescope） |
| 莫拉克亚山太阳观测台 Mauna Loa Solar Observatory | 美国　夏威夷 | 色球 Hα 成像望远镜（CHIP），Mk4k 日冕仪 |
| 大熊湖太阳观测台 Big Bear Solar Observatory | 美国　加里弗尼亚 | 1.6 米口径望远镜 |

### 4. 重要的空间探测计划

由于地球大气的吸收，波长短于 2900 埃的紫外和 X 射线辐射完全不能到达地面，而地球磁场的作用则使太阳的粒子流也不能到达地面。太阳紫外辐射和 X 射线辐射对于研究太阳大气，尤其是色球和日冕的结构极为重要；行星际太阳风就地探测可以提供太阳粒子辐射和太阳风磁场的重要信息。太阳短波辐射和行星际太阳风探测主要依赖于天基探测。

自 1957 年苏联成功发射第一颗人造地球卫星“斯普特尼克（Sputnik）”一号以来，天基探测技术有长足的发展。国际上先后实施了一系列以太阳大气和行星际太阳风探测为主的空间探测计划（详见下表）。这些计划发展了形形色色的天基探测设备和技术，极大地推动了人类空间探索进程和空间科学的进步。

**重要的太阳与行星际空间探测计划**

| 探测器 | 轨道类别 | 发射时间 | 国家、组织 | 备注 |
| --- | --- | --- | --- | --- |
| 轨道太阳观测台系列（OSO） | 500Km 圆形轨道轨道倾角 33° | 1962. 3（OSO－1）<br>1975. 6（OSO－8） | 美国 | OSO－7 首次发现日冕物质抛射现象 |
| 天空实验室（Skylab） | 轨道高度 435Km，轨道倾角 50° | 1973. 5. 14 | 美国 | 白光日冕仪、紫外光谱仪、远紫外光谱仪、远紫外单色光 |
| 太阳峰年卫星（SMM） | 574Km 圆轨道，轨道倾角 28. 5° | 1980. 2. 14 | 美国 | 首次进行耀斑的软、硬 X 射线观测 |
| 阳光卫星（Yohkoh 或 Solar－A） | 近地椭圆轨道，轨道高度 570Km－730Km | 1991. 8. 31 | 日本、美国、英国 | 主要仪器：<br>①Bragg 晶体光谱仪（BCS）<br>②宽频带光谱仪（WBS）<br>③软 X 射线望远镜（SXT）<br>④硬 X 射线望远镜（HXT） |

续表：

| 探测器 | 轨道类别 | 发射时间 | 国家、组织 | 备 注 |
|---|---|---|---|---|
| 尤里赛斯卫星（Ulysses） | 日心轨道 | 1990.10.6 | 美国、欧空局 | 唯一在太阳高纬度地区进行探测的航天器 |
| 太阳和日球观测台（SOHO） | L1点 | 1995.12 | 美国、欧空局 | 主要仪器：①极紫外成像望远镜（EIT）②白光分光日冕仪（LASCO）③麦克尔逊多普勒成像仪（MDI） |
| 高级成分探测器（ACE） | L1点 | 1997.8.25 | 美国 | 探测内容：太阳风成分和行星际磁场 |
| 过渡区与日冕探测器（TRACE） | 600Km×650Km高度的太阳同步轨道 | 1998.4.2 | 美国 | 30厘米口径望远镜，可进行高时空分辨的EUV与UV成像观测 |
| 高能太阳光谱成像卫星（HESSI） | 600Km圆轨道，倾角38° | 2002.2.5 | 美国 | 主要仪器：太阳光谱成像系统（SAS） |

续表：

| 探测器 | 轨道类别 | 发射时间 | 国家、组织 | 备 注 |
| --- | --- | --- | --- | --- |
| 日出卫星（Hinode 或 Solar－B） | 高度约600 Km 的太阳同步轨道 | 2006. 9. 23 | 日本、美国、英国、欧空局 | 主要仪器：<br>①太阳光学望远镜（SOT）<br>②极紫外成像仪（EIS）<br>③软 X 射线望远镜（SXT） |
| 日地关系观测台（STEREO－A STEREO－B） | 地球公转轨道，STEREO－A 位于地球以东 STEREO －B 位于地球以西 | 2006. 10. 25 | 美国 | 由于双星在地球轨道的不同位置，首次实现对太阳的立体观测 |

其中，美国和欧空局合作于 1995 年 12 月发射的 SOHO 卫星，以及美国于 1997 年 8 月发射的 ACE 卫星，是迄今为止最成功的空间探索计划，这两颗卫星都运行于日地连线的 L1 平衡点处，前者主要对太阳进行多光谱成像观测，后者则对行星际太阳风与行星际磁场进行就地观测。由于太阳风到达 L1 点后，需要再经过 1 小时左右才能抵达地球，因此，L1 平衡点处进行的太阳与行星际探测，对于地球空间天气的预警预报具有重大意义。

## （三）地球空间探测

地球空间包括地球磁层、电离层和中高层大气，是人造航天器（卫星、飞船、空间站等）空间活动的重要场所，电离层还是无线电波传播的重要媒介。因此，开展地球空间探测是空间天气探测业务的主要任务。

1. **磁层探测**

磁层探测对象主要包括磁层内的高能带电粒子、中能带电粒子、等离子体以及电场、磁场等参数。高能带电粒子探测仪器是应用最多的探测仪器，它测量能级达到 MeV 以上的带电粒子，包括重离子探测器、高能质子谱仪、高能电子谱仪等。SAMPEX、GOES、CRRES 等卫星都装载有重离子成分探测器、高能电子流量计、高能质子望远镜等一批高能带电粒子探测仪，实现对磁层高能带电粒子的探测。

中能粒子探测器测量的带电粒子能量通常在几十到几百 keV，如 CRRES 卫星的中能离子能谱仪，可测量 15keV ~ 2MeV 的质子及其他重离子。美国 NOAA 系列卫星的中能质子和电子探测器测量能段同上。

低能粒子探测器测量能量更低的带电粒子。低能粒子探测通常是成像探测，常利用探测器的二维测量加卫星的自旋构成三维探测。如欧洲的 Cluster 卫星及我国的“双星计划”卫星的电子电流仪 PEACE，测量 0. 59 ~

26.4keV 的电子谱；离子成分与分布分析仪 CODIF 测量 14eV ~ 40keV 的离子谱。美国 Polar 卫星的 TIMAS 测量仪测量 15eV ~ 31keV 的离子。

空间电场测量可使用双朗缪探针，直接用空间两点间的电位差来表征电场。如 CRRES 卫星的双朗缪探针，Cluster 卫星双探针电场仪。空间电场还可以通过测量发射电子束的漂移运动来推算。美国 GEOS 卫星最早使用电子漂移技术测量电场。欧洲的 Cluster 卫星也进行了相应的探测。

空间磁场的探测详见地磁探测的相关部分。

2. **电离层探测**

(1) 探测内容

电离层探测主要测量电离层成分、电子总含量、电子密度、电子温度、离子密度、离子温度、电场、磁场和风场等参数。电离层探测分为天基探测和地基探测两类。

(2) 探测设备

天基探测设备主要有：朗缪探针、电子探针、离子探针和质谱探针等。地基探测仪器主要有：垂直探测电离层参数和电离层密度剖面的电离层测高仪；对电离层电子密度、电子温度等多种参量剖面进行测量的非相干散射雷达；测量电离层电子密度不规则体的相干散射雷达；宇宙噪声接收机；利用卫星信标测量电离层电子总含量、电离层闪烁的卫星信标接收机等。

(3) 重要的电离层探测计划

基于电离层扰动影响的重要性，国际上开展了一系列重大的专项探测计划。如，欧洲非相干散射雷达科学联盟（EISCAT Scientific Association）正在实施“下一代欧洲非相干散射雷达系统”（EISCAT－3D）研究计划，该计划将通过研究与开发能满足未来15至20年欧洲与全球需求的新型非相干散射雷达系统，完善现有的全球非相干散射雷达网，从而提高高纬与极区电离层探测能力，提升人类对这一日地连接核心区域的理解与认识。美国空军正在建设中的“通信与导航中断预测系统”(C/NOFS) 也是一项具有里程碑意义的电离层探测计划，该计划的地基探测部分包括低纬电离层闪烁网(SCINDA 与 Beacons)，天基探测卫星则已于2008年4月16日发射，探测载荷包括GPS掩星接收机(CORISS)、矢量电场仪（VEFI)、相干射电层析成像仪(CERTO)、中性风场仪（NWM)、离子速度仪（IVM) 和平面朗缪探针（PLP)。

3. **中高层大气探测**

(1) 探测内容

中高层大气探测主要测量中高层大气的密度、温度、压强、风场和成分等参数，是建立中高层大气模式、开展模式评估和进行中高层大气预报和效应分析的基础。

(2) 探测设备

中高层大气探测可分为天基的就地探测和地基的遥感探测两类。天基探测设备仪器有大气密度探测器、大气成分探测器（质谱仪)、原子氧探测器、气体污染探测器、大气气辉探测器和紫外成像探测器等。地基遥感探测设备主要有激光雷达、甚高频雷达、中频雷达、流星雷达和全天空成像仪等。

与其他空间层次的探测相比，中高层大气探测的发展相对比较滞后，目前还多停留在研究阶段，包括美国在内还都没有建立业务性的探测网。值得一提的是，美国国家空间天气计划（NSWP）资助开发了可部署大气观测站（RAO)。

4. **地磁探测**

地球是一个有内禀磁场的行星。地磁场可以分为内源场和外源场两大部分，内源场起源于地表以下的磁性物质和电流，外源场起源于地表以上的空间电流体系。地磁场既蕴涵了丰富的地质与地球物理信息，同时也是约束地球空间（磁层与电离层）带电粒子运动的关键因子，故地磁探测为地球科学和空间天气研究及航海、航空、航天、通信、导航、资源勘探等提供重要的基础数据。

地磁探测分为相对记录和绝对观测，前者是对地磁场随时间变化的连续测量，后者是指定期对地磁场的绝对测量。用于相对记录的磁测仪器通常有磁通门磁力仪和感应式磁力仪；用于绝对观测的磁测仪器主要有质子旋进磁力仪、光泵磁力仪和磁通门经纬仪。

地磁探测可分为陆地、海洋、航空和卫星磁测等形式。陆地磁测是最重要的磁测方式，陆地的固定地磁台站又分为永久性地磁台和临时性地磁台，目前全球约有200余个永久性地磁台，中国有30余个。

海洋磁测主要有：在无磁性船上安装磁力仪进行测量；用普通船只拖拽磁力仪进行测量；将海底磁力仪沉入海底进行测量。

航空磁测是利用飞机携带磁力仪在空中进行测量。航空磁测的精度虽然不如地面磁测的精度高，但可以在交通不便或不可能进行地面磁测的地区施行。

卫星磁测是利用卫星上装载的磁力仪进行测量，可以在很短的时间内获得全球地磁场的资料。1979美国发射的地球磁测卫星（MAGSAT）装载有光泵磁力仪和磁通门磁力仪，1999年丹麦发射的地球磁测卫星（Orsted）装载了Overhauser质子旋进磁力仪和磁通门磁力仪。

## （四）中国的空间天气探测

中国在太阳活动观测与地磁观测方面具有悠久的历史和辉煌的成就：2001年在成都金沙遗址考古发现了3000年前的太阳神鸟图案；公元前500年，中国发明了指南针——最早的地磁探测与应用；中国关于太阳黑子的观测记录最早出现于公元前28年。

1. **地基空间天气探测**

在近代，1870年俄国人在北京建成第一个地磁台。1874年由法国人在上海徐家汇（今佘山）建立地磁台，至今仍在正常工作，成为世界上有着百年以上台龄的古老地磁台之一，中国第一台光学望远镜于1909年在上海佘山投入运行。20世纪30年代中国的首个电离层观测站在武汉建成，50年代在北京建成了宇宙线观测站，60年代中国开展了高层大气的火箭和气球探测。

在太阳活动的探测方面，中国国家天文台分别在北京怀柔、云南抚仙湖（云南天文台）、江苏赣榆（紫金山天文台）、河北兴隆、新疆乌鲁木齐建有太阳观测基地，开展太阳光学与射电观测。

在电离层探测方面，中国电子科技集团第22研究所在北京、满洲里、长春、青岛、乌鲁木齐、兰州、重庆、广州、海口、拉萨、昆明、苏州等12个城市以及南北极等地区设有常年电波环境观测站，构成国家电波环境观测研究网。主要探测设备是自主开发的数字化电离层测高仪与电离层闪烁接收机。

在地磁探测方面，中国地震局建立了覆盖全国的数字化地磁台网，其中国家级地磁台37家，一类台站12家，二类台站22家。国家地磁台网中心（http://www.cea-igp.ac.cn）负责数据收集、处理、存储和分发等日常管理。

2008 年 1 月正式启动建设的国家重大科学基础设施工程——“东半球空间环境地基综合监测子午链”（简称“子午工程”），将明显提升中国空间天气的地基探测水平。

2009 年 8 月 20 日中国《科技日报》报道，2009 年 8 月，我国开始在贵州省平塘县建设全球最大的射电望远镜，其口径球面达 500 米。建设期为 5 年半，预计 2014 年开光后可用于空间天气监测预报，并在 20 ~ 30 年保持世界先进地位。

**2. 天基空间天气探测**

随着中国第一颗人造卫星“东方红一号”卫星发射的成功，中国的空间探测技术得到了快速的发展。中国的空间天气探测最早是从科学试验卫星开始的。1971 年 3 月 3 日中国成功发射了“实践一号”卫星，首次开展了空间天气的探测研究。此后，在“实践”、“大气”、“东方红”、“风云”、“资源”、“神舟”和“探测”等系列卫星与飞船上搭载了大量的空间天气探测器，特别是 2003 年实施的地球空间“双星计划”，推动了对空间天气的发生、发展和效应影响的研究，为空间天气预报警报业务的开展提供了大量的空间天气数据。

中国空间天气天基探测载荷，多是从研究或确保专项空间探测任务安全的需要而立项的，缺乏全局性规划，探测内容主要侧重于卫星轨道环境，且多为非主载荷，探测计划往往受制于主载荷的工作方式。尽管如此，这些天基探测载荷获得的探测数据，在航天器加固设计和航天器在轨运行的安全保障方面发挥了积极的作用。

**中国的天基空间天气探测情况**

| 卫星名称 | 发射年份 | 探测内容 |
| --- | --- | --- |
| “实践一号” | 1971 | 高能带电粒子、太阳X射线和磁场。 |
| “实践二号” | 1981 | 高能带电粒子环境、太阳高能电磁辐射和大气密度等。 |
| “实践四号” | 1994 | 地球内外辐射带结构、磁暴时辐射带结构变化；<br>单粒子翻转几率及分布、EPROM 擦除、单粒子锁定；<br>卫星表面低于 -2000V 以上的电位。 |
| “实践五号” | 1999 | 单粒子翻转几率、空间分布；<br>高能带电粒子。 |
| “大气一号” | 1990 | 500 ~ 900km 的大气密度。 |
| “东方红二号” | 1984 ~ 1986 | 太阳软X射线；<br>高能质子、高能电子；<br>静电电位差。 |
| “风云一号 A”<br>“风云一号 B” | 1988 ~ 1990 | 重离子及宇宙线异常成分。 |
| “风云二号” | 1997 | 太阳X射线；<br>空间粒子成分。 |

续表：

| 卫星名称 | 发射年份 | 探测内容 |
|---|---|---|
| “风云一号 C” | 1999 | 空间粒子成分。 |
| “资源一号” | 1999 | 低能带电粒子、舱内高能带电粒子；<br>CMOS 器件的辐射剂量效应。 |
| “风云二号 B” | 2000 | 太阳 X 射线；<br>空间粒子成分。 |
| “风云三号 A” | 2007 | 空间离子、高能电子；<br>单粒子事件；<br>表面电位；<br>辐射剂量。 |
| “神舟二号” | 2001 | 大气密度、大气成分；<br>X 射线和 γ 射线；<br>固体探测、辐射剂量。 |
| “神舟三号” | 2002 | 高层大气的密度和成分 |
| “神舟四号” | 2002 | 高能电子、高能质子、低能粒子；<br>表面电位、大气密度、大气成分；<br>单粒子事件。 |
| “神舟五号” | 2003 | 高能电子和高能质子。 |
| 双星计划<br>（“探测一号”<br>“探测二号”） | 2003－2004 | 磁层结构及其扰动变化。 |

## （五）空间天气探测的发展

空间天气探测是保障人类太空活动安全的重要基础，随着人类科技、经济等的发展，人类探索外层空间，利用外层空间的步伐越来越快。空间天气探测在未来有加速发展的趋势。其主要的发展特征有以下几个方面：

1. **积极推进国际合作**

随着人类对空间天气认识的深入，对空间天气展开的探测也向精细化、多样化和综合化发展，要求探测项目具有多卫星、长周期探测的能力。这意味着项目经费强度大，多国合作有利于技术创新，增加经费，共享数据，对参与国都有益处。现正在实施的“与星同在计划”就是由美国、欧洲、日本、加拿大等国合作制订。中国的“双星计划”也是国际合作的结晶，中国与欧洲空间局（ESA）进行了友好的合作。世界各航天大国在注重发挥自身优势，发展本国特色空间探测技术的同时，积极参与国际空间探测计划，提高国际地位。

2. **努力实现综合探测**

为揭示空间天气发生源头、影响过程及产生后果，准确掌握日地空间因果关系的物理机制，单一地基、天基探测已不能解决问题，空间多点、多参数的探测和地基测量有机结合是发展的必然趋势。欧洲空间局的“星簇计划”（Cluster）和中国的“双星计划”就实现了对磁层的空间6点探测。美国提出的“磁层星座计划”将发射10～500个微小卫星对磁层进行组网探测。国际上正在实施的“与星同在计划”更是包括了数十颗空间天气探测卫星，分别探测太阳、行星际、磁层辐射带、磁尾以及电离层等空间节点，实现了从因到果的综合性空间天气探测。

### 3. 探测器趋于大型化或小型化

一方面，为提高探测精度、拓展探测内容，部分探测器有越做越大、越做越复杂的趋势；而另一方面，为了更大限度地利用航天器，使航天器能搭载更多探测仪器，大部分探测器开始向小型化发展。探测方法的创新、一体化设计、专用集成电路的应用使探测器逐渐变得小巧。

### 4. 高新技术得到广泛应用

不断发展的高新技术的应用，拓展了探测的要素，提高了探测的精度。这些技术包括人工智能成像分析技术、高分辨率的X射线成像仪中的高精度镜面和传感器技术、大口径和质量轻的光学望远镜技术等。紫外成像技术、粒子成像技术也日益成熟。日冕仪对电子的康普顿散射效应的应用，提供了日冕物质抛射运动的动态图像。这一切使人类得以从新的视角进行空间探测。

# 6 空间天气预报

空间天气对人类高技术系统的影响是推动空间天气业务发展的原动力，特别是空间天气对航天、航空、通信和导航定位等活动的影响，日益为全人类所关注。因此，自20世纪90年代以来，美、欧等发达国家、组织先后提出并启动了以空间天气预报为重点的空间天气业务。由于空间天气预报仍处于起步阶段，也由于空间天气复杂多变，目前预报的水平还比较低。

## （一）空间天气预报机构

### 1. 国际空间环境服务组织

成立于1996年的国际空间环境服务组织（ISES）是最早开展空间天气业务的全球性非官方机构，其前身是国际无线电计划和世界日服务组织。1962年，由国际无线电科学联盟计划（IU）和世界日服务组织（WDS）

合并成立了 IUWDS。其中国际无线电科学联盟计划（IU）早在 1928 年就发起了电离层探测数据的国际快速交换服务。世界日服务组织（WDS）作为国际地球物理年计划的组成部分成立于 1959 年。

国际空间环境服务组织的使命是，鼓励并促进国际近实时空间环境监测和预报，以便降低或减缓空间天气对人类活动的危害。

国际空间环境服务组织总部设在美国，下辖多个区域预警中心（RWC），如北京、莫斯科、新德里、渥太华、悉尼、东京等。各区域中心通过数据交换形成了一个全球性的网络，提高了空间灾害性天气的警报预报水平。服务功能较为完备的主要是美国的空间天气预报中心（SWPC）、澳大利亚和日本的警报中心。各中心对获得的数据进行系统整理，建立起各具特色的数据库，同时还利用所掌握的数据资料独立或与其他研究机构合作，进行预报方法研究和预报结果评估。研究领域涉及太阳活动、行星际空间和太阳风、地磁活动、电离层及高层大气等。该组织定期召开工作会议。

**2. 美国国家空间天气预报中心**

美国国家空间天气预报中心（SWPC）位于科罗拉多州的博尔德，是美国商务部（DOC）、大气和海洋局（NOAA）、国家天气服务处（NWS）下辖的 9 大环境预报中心之一。其前身是成立于 1965 年的空间环境实验室（SEL），1995 年更名为空间环境中心（SEC），2007 年 10 月又更名为空间天气预报中心。美国国家空间天气预报中心还是国际空间环境服务组织（ISES）的积极推动者，并且是国际空间环境服务组织的全球警报中心，同时也是北美区域的预警中心。

（1）组织架构

美国国家空间天气预报中心下设空间天气服务部和管理与技术保障部。空间天气服务部下设研究和用户需求室、开发与转化室以及空间天气预报办公室。管理与技术保障部主要承担国家级的行业管理职能。

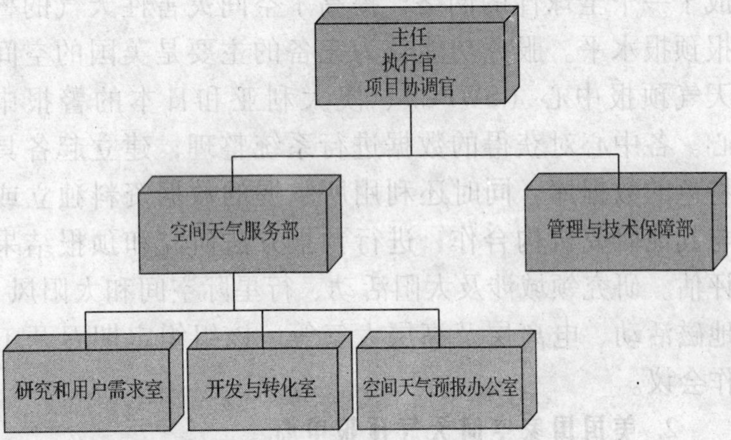


**美国国家空间天气预报中心组织架构图**

（2）职责

美国国家空间天气预报中心的任务是连续监视和预

报空间天气，提供精确、可靠和有效的空间天气信息；组织并开展空间天气研究与发展计划，以深化对空间天气的理解和提升服务水平；为政策制订者和决策者提供建议；履行空间天气业务领导职责；促进空间天气服务事业发展。美国国家空间天气预报中心是空间天气预警预报的国家级官方发布机构。

美国国家空间天气预报中心除开展日常空间天气业务外，组织并开展了空间天气研究与发展计划的制订与实施，主持起草了“国家空间天气发展计划”第二版和“国家安全空间架构研究”；与相关大学和研究机构开展合作，推动了一大批空间天气研究成果与模型的业务转化；每年组织空间天气研讨会，内容包括空间天气研究、应用和用户需求等专题。

（3）空间天气服务

空间天气预报流程与对流层天气预报十分类似：获取信息资料，进行质量检验，分析各种资料，输入预报模式，图形显示输出，预报员基于经验和物理考虑对数值预报结果、图像和其他分析产品进行综合分析，得出预报结论。当预测将有严重的空间天气事件发生时，必须指出该事件发生的时间、强度、持续时间，并尽可能指出该事件发生的区域。

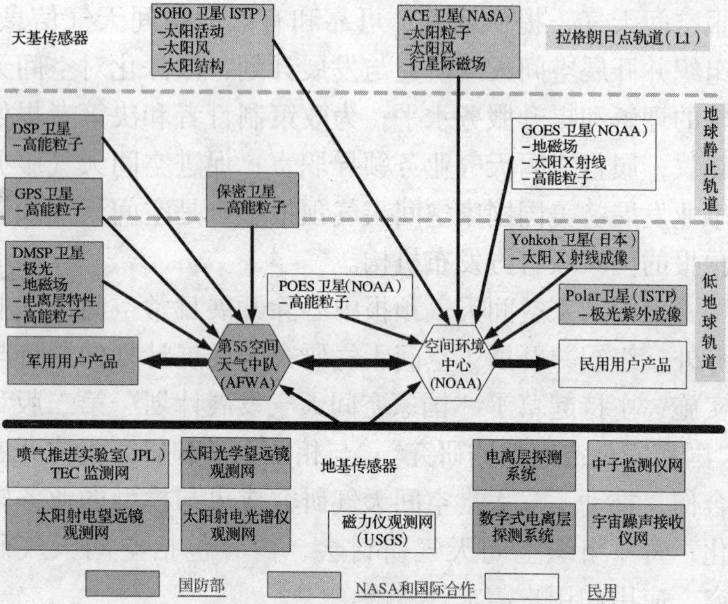


美国空间天气业务基本架构

## 美国国家空间天气预报中心业务产品列表

| 序号 | 名称 | 发布时间（世界时）和频率 |
|---|---|---|
| 1 | 空间天气警报 | 视情发布 |
| 2 | 今日空间天气指数 | 每小时一次。整点后35分钟 |
| 3 | 3小时空间天气状况和预报 | 从00：00开始，每3小时一次，由WWW广播电台播出 |
| 4 | 昨日空间天气指数 | 从00：15开始，每6小时一次 |
| 5 | 昨日空间天气观测汇总 | 每天00：30以后 |
| 6 | 昨日空间天气事件报告 | 每天02：50以后 |

续表：

| 序号 | 名称 | 发布时间（世界时）和频率 |
|---|---|---|
| 7 | 每日空间天气汇总和预报（今日和未来三天） | 每天 22：00 以后 |
| 8 | 3 日空间天气预报 | 每天 22：00 以后 |
| 9 | 一周空间天气要闻 | 周二 22：12 |
| 10 | 27 日空间天气预报 | 周二 22：12 |
| 11 | 27 日空间天气展望表 | 周二 22：12 |
| 12 | 空间天气展望 | 周二 18：00 |
| 13 | 空间天气公报 | 视情不定期发布 |
| 14 | 空间天气消息 | 视情不定期发布 |

### 3. 中国国家空间天气监测预警中心

基于国家现代化发展的需求，为保障国家空间开发和高技术系统安全，2002 年中国国家空间天气监测预警中心挂牌成立，并启动业务试验，这标志着中国空间天气业务从科学研究逐渐走向日常社会公益服务的前台。2004 年 7 月 1 日起，正式开始业务运行，向有关部门和社会公众发布产品。

国家空间天气监测预警中心是国家级、科技型、公益性业务单位，主要任务是规划中国气象局地基空间天气监测台站和天基空间天气监测布局，提出监测设备应该满足的技术指标；建立监测数据的实时收集与处理系统和空间天气数据库系统；为我国航天活动安全、地面技术系统安全以及国家安全服务，为导航、通讯、电力等应用部门服务；为科学研究部门提供科学的观测数据；开展空间天气监测、预报、服务等方面的研究工作，并进行相应的产品开发。

国家空间天气监测预警中心的组织架构和业务运作很大程度上借鉴了美国国家空间天气预报中心（SWPC）的成功经验。通过空间天气业务建设计划和行业专项建设计划，积极推动与国内相关大学和研究机构的合作。

国家空间天气监测预警中心建设的近期目标是，到2010年，完成地基太阳光球色球望远镜、厦门和喀什地基电离层垂直探测系统、酒泉中频雷达系统和珠三角电离层闪烁监测网建设；开展“风云三号”和“风云二号”后续星的空间天气监测系统建设；建立初步的信息和技术保障系统；建立包括长期预报、中期预报、短期预报、警报、现报在内的完整预报体系，根据用户的需求丰富产品类型，初步建立起空间天气服务体系。面向航天、卫星、通信、广电、电力、石油等重点部门或行业，建立空间天气专业服务平台。

**4. 其他预报机构**

除上述机构外，日本、俄罗斯、法国、澳大利亚等国家，也作为国际空间环境服务组织的区域预警中心，开展了空间天气预测预警工作，但大多依托空间物理或气象相关研究机构，没有建立专门的业务机构。

欧洲空间局（ESA）根据航天活动的需要，较早开展空间天气业务。1996 年欧洲空间局就召开了专门的空间天气圆桌会议，1999 至 2001 年开展了空间天气计划可行性研究，2000 年成立了空间天气工作组（SWWT），2003 年正式制订了空间天气应用示范计划（SWAPP），建设了专门的空间天气门户网站—欧洲空间天气网络（SWNET）。但欧洲空间局的空间天气业务建设采用商业招标方式实施，至今没有成立专业的空间天气业务机构。

中国科学院空间科学与应用研究中心、国家天文台、中国电子科技集团 22 研究所和中国科学院地质与地球物理研究所于 1992 年联合加入了国际空间环境服务组织（ISES），成为其下属的 10 个区域警报中心之一，即北京区域警报中心。这些单位已积累了一些业务保障经验，制订了一些业务保障规范，形成了一定规模的业务保障队伍。

中国科学院空间科学与应用研究中心空间环境预报研究室在中国载人航天工程的支持下，率先成立了中国的业务型空间环境预报机构，开展了多年的空间环境预报和效应分析服务，为“神舟”飞船航天飞行提供了空间环境预报保障。

2003 年底，中国科学院整合院属空间天气科研力量，成立了非法人单位——中国科学院空间环境研究预报中心。

中国电子科技集团 22 研究所（即中国电波传播研

究所）利用在北京、广州、重庆等的13个电波观测站，每天24小时不间断地进行常规电波传播观测，观测资料报送有关部门。

中国科学院国家天文台是国内太阳活动研究和预报的优势单位，从中国航天事业初始就开展了太阳活动预报，可提供每日的太阳活动预报服务。

## （二）空间天气预报内容

空间天气预报按预报的空间可以分为太阳活动预报、行星际空间天气预报、磁层空间天气预报、电离层空间天气预报和中高层大气空间天气预报等。按预报的时效不同，空间天气预报可以分为长期预报、中期预报、短期预报、警报和现报等。

### 1. 太阳活动预报

太阳活动预报包括长期太阳活动预报、中期太阳活动预报、短期太阳活动预报和太阳活动现报。

长期太阳活动预报主要预测未来一个太阳活动周内太阳活动趋势，预报内容包括黑子数的高峰值、高峰期、低谷期和极小值。因航天器的寿命长短与太阳活动水平有很大关系，太阳周预报可为国家中长期航天发展规划提供决策支持。此外，太阳周预报常被用于地球上旱、涝、地震等灾害的预测。气象学者多年前发现了某些地区的年降水量和气温等的变化有类似于太阳活动水平的周期起伏。

中期太阳活动预报是中期空间天气预报的一个重要支柱。它的主要内容是预测未来一个月或 27 天（即一个太阳自转周的平均时间）的太阳活动总体水平，例如黑子数的平滑月均值或太阳在 2800MHz 的辐射通量值，以及预测未来一个月内在哪些天、在日面上何处会有较大的黑子群，会有较多的或较大的太阳爆发产生。这类预报所涉及的空间天气变化，对于安排航天器发射、空间飞行任务的执行、通信计划的实施及其他领域的预防措施的考虑具有重要参考意义。应用这类预报可以为航天活动、通信工作、电磁勘探、信鸽竞飞等选择比较安全的时期，避开恶劣空间天气。也可以为某些科学实验或研究工作选择合适的空间天气时段，以便抓住机会做试验和观察。

太阳短期预报是指未来 1 ~ 3 天的太阳活动预报，内容主要包括太阳活动区、太阳耀斑、日冕物质抛射、射电流量 F10.7 和太阳黑子数等。

**2. 行星际空间天气预报**

行星际空间天气预报是对未来某一时段内行星际空间天气要素和现象的预测和报告。主要是日球层特别是 1 天文单位（AU）附近的太阳风参数预报和太阳能量粒子事件预报。

①太阳风参数预报。主要描述和预报太阳风密度、速度及行星际磁场的大小和方向，并预测太阳爆发现象

在行星际的表现、传播和演化。

②太阳高能粒子事件预报。主要给出卫星轨道附近太阳高能粒子和宇宙射线的描述、警报和预报，预测太阳高能粒子对人类航天活动的影响和对深空探测航天器的相关效应。以短期预报为主，预报未来几小时到几天内事件发生的可能性、预期的峰值通量、峰值发生的时间、总流量和事件持续的时间。

### 3. 磁层空间天气预报

磁层空间天气预报是对未来某时段内磁层空间天气要素和空间天气现象做出的预测和报告。预报对象主要是磁层带电粒子和场，包括不同轨道磁场分布的现报和预报，不同轨道带电粒子通量的现报和预报，以及关于质子事件和高能电子增强事件的警报。

### 4. 电离层空间天气预报

电离层空间天气预报是对电离层空间天气要素、现象和事件作出的现报、短期预报和警报。

电离层空间天气预报涉及的内容非常多，许多还很不成熟，目前业务中提供的预报内容主要由电离层状态参数（TEC、foF2 和 NmF2）的现报和短时预报，电离层 D 区吸收现报和短时预报，电离层闪烁的现报和短时预报以及用户专项预报等。其中，专项预报是根据不同专业用户需求发布的有针对性的预报。如通信广播部门需要的可用频率、信号吸收和误码率预报，测量部门所需的折射误差预报，导航部门所需的导航误差预报，卫星用户所需的卫星信号闪烁指数预报等。

**5. 中高层大气空间天气预报**

中高层大气空间天气预报主要包括对中高层大气参量（密度、温度、风场和大气成分等）的结构分布和扰动进行的现报、短期预报和中长期预报。

由于探测手段的制约，中高层大气空间天气预报是目前发展比较滞后的领域之一，各主要空间天气预报机构的日常业务中都还没有涉及中高层大气空间天气预报。

**6. 地磁活动预报**

地磁活动预报是空间天气预报的重要内容之一。地磁活动预报就是对常用地磁指数如 Kp、Dst 和 AE（AL）作出预报，或对地磁活动水平进行分级预报。业务中通常制作的地磁活动预报包括中期预报（27 天）、短期预报、警报和现报。

## （三）空间天气预报方法和水平

**1. 预报方法**

根据预报的物理依据和数据处理方法的不同，空间天气预报方法大体可分为经验预报、统计预报和物理预报（数值预报）方法。目前，国内外空间天气预报都还处于起步阶段，业务上还是以常规的经验预报方法和统计预报方法为主，物理预报（数值预报）方法尚处于试验研究阶段。

(1) 经验预报方法

经验预报方法是目前业务中的主流预报方法。它是在空间天气趋势预测的基础上，根据空间天气学理论和预报员的实践经验，预报未来空间天气。经验预报主要包括观（探）测数据处理、资料分析、经验运用、推理预报等过程。

一般说来，不同时间的空间天气形势和空间天气过程不是完全相同的，有经验的预报员能根据多年实践中积累的经验，归纳出具有代表性的空间天气事件的发生、演变规律，以此作为预报新的空间天气事件的依据。

(2) 统计预报方法

统计预报方法是目前业务中的另一种主流预报方法。统计预报方法多是对大量的历史资料采用数理分析方法，找出各种空间天气事件发生频率、强度分布等规律，建立统计预报模型，对未来事件作出预报。如采用回归分析方法、多因素分析方法和线性滤波技术等。近年来，随着计算机技术的发展应用，人工智能技术(AI)、人工神经网络方法等在空间天气预报中得到较多应用。如，人工智能技术已经广泛用于地磁活动预报。

(3) 物理预报方法

物理预报方法就是专业学科上所说的数值预报方法。它是一种以物理过程为基础的预报方法。该方法依据给定的空间天气状态初始和边界条件，依托计算机，通过数值计算求解描述空间天气物理状态和演变过程的动力学方程组，得出预测未来空间天气的结果。由于很多空间天气的物理机制尚不很清楚，建立的物理模型不完善，数值预报方法还处于研究试验阶段。随着研究的深入，该方法会像地球数值天气预报一样得到广泛充分应用。

**2. 预报水平的评估**

总体上讲，空间天气预报水平还非常有限，这主要取决于空间天气观（探）测能力、资料处理能力、分析预报手段和人才素质等多个方面。有学者认为，当前空间天气预报水平大致相当于地球对流层天气预报20世纪60、70年代的水平。美国的空间天气预报水平属世界最先进水平。目前美国国家空间天气预报中心已经建立了比较完善的空间天气业务监测系统和多种空间天气业务模型，并初步具备了对某些空间天气事件做出警报、现报和预报的能力。

美国国家空间天气预报中心目前的业务能力如下表所示。

**美国国家空间天气预报中心业务能力情况表**

| 区域 | 警报 | 现报 | 预报 | 事后分析 |
|---|---|---|---|---|
| 太阳/行星际 | 有限 | 有限 | 有限 | 一般 |
| 磁层 | 无 | 有限 | 无 | 有限 |
| 电离层 | 无 | 有限 | 无 | 一般 |
| 中性大气 | 无 | 有限 | 无 | 有限 |

下面分别概述四种产品的业务能力：

(1) 警报

对空间天气事件只有较弱的警报能力。太阳活动事件可以实时探测，但为减轻这些事件而发的警报还缺乏充分可靠的依据，不能提供有用的事件到达时间或持续时间。由于可对太阳进行24小时观测，所以对太阳/行星际区域的事件警报能力稍强。

(2) 现报

现有模式只有有限的预报能力。但模式能提供比经验模型和气候背景稍多一点的信息。当能及时接收到资料初始化模式时，模式能力较佳。

(3) 预报

预报能力存在的问题与警报能力类似，且由于预报时效变长而带来更多的问题。需要对驱动空间天气的太阳活动事件及其响应途径有更加全面的了解。

(4) 事后分析

严格地讲，事后分析不属预报之列，但事后分析有助于模拟工作开展，对预报有较好的促进作用。目前，事后分析还有不少不足之处。某些事后分析有较强的能力是源于事后分析不需要实时进行，即允许对不能立即得到的有用资料进行分析，并有较充足的时间进行模拟工作。

## （四）空间天气预报模式

空间天气预报模式是指各种空间天气预报方法（经验统计的或物理的）的计算机代码实现。它是空间天气预报业务中重要的预报手段。模式研发（建模）则是空间天气业务能力建设的重要内容之一。

### 1. 美国的空间天气建模概况

美国于 1994 年启动了国家空间天气计划（NSWP），专门成立了“联合建模中心”（Community Coordinated Modeling Center，简称 CCMC），以及分属美国国家海洋和大气管理局（NOAA）和美国国防部（DOD）的两个“快速业务化中心”（Rapid Prototyping Centers，简称 RPC）等机构。这些举措极大地推动了空间天气预报模式的研发与业务化。此外，美国国家科学基金会资助成立的空间天气集成建模中心（Center for Integrated Space Weather Modeling，简称 CISM），在空间天气预报模式开发中发挥了重要作用。下面分别作简要介绍。

(1) 联合建模中心

在 1998 年美国联邦气象协调官办公室举办的空间天气委员会（CSW）会议上，美军空间司令部提议建立联合建模中心。该提议得到空间天气委员会各成员单位的一致支持。联合建模中心作为一个多部门的合作机构，设立在马里兰州的戈达德航天飞行中心（GSFC），于2000年投入正式运作。

联合建模中心的理念是，为了研发适于向业务转化的空间天气预报模式，统筹考虑空间天气科学与业务需求，提供模式研究、开发和测试所需平台。具体目标包括：①针对空间天气业务需求，整合空间天气领域力量共同研发并运行下一代空间天气研究模式；②实现现有模式的集成，以涵盖空间天气多因果链模拟的物理需求；③为空间天气建模提供所需计算基础设备；④为模式向快速业务化中心转化作准备；⑤确保所研发的模式及其产品对所有同仁共享；⑥通过提供模式的“按请求运行”，数据的可视化与分析工具，以及源代码和模式输出产品的共享，为空间天气领域的研究提供支持等。

（2）快速业务化中心

与所有学科一样，研究成果向业务能力的转化非常艰难。对于空间天气而言，研究模式向业务化模式的转化同样如此，因为不同于理想状态下运行的研究模式，业务化模式必须基于实测的数据，并确保在任何条件下都稳定可靠地运行。为此，在美国空间天气计划的支持下，为加强空间天气研究模式的业务化，美国分别在NOAA和国防部下成立了模式快速业务化中心。

快速业务化中心的运行理念是，通过标准的制定与实施，规范模式的业务化过程。首先，模式必须是可检验的，即模式必须正确描述物理过程；当输入变量为正常时，模式功能必须正常；模式编码必须正确。其次，模式必须采用标准的结构化编程技术，并且提供完善的描述文档。模式必须采用指定的编程语言，以确保代码在不同硬件平台和不同操作系统环境下的可移植性。最后，模式还需要采用指定的输出格式，以便于与现有可视化工具的交互。

美国国家海洋和大气管理局（NOAA）的快速业务化中心是 NOAA 的空间环境中心（SEC）的下设机构，于 1997 年 6 月通过与斯特林（Sterling）软件公司签署“合作研发协议”，双方的联合团队在完成对快速业务化中心和业务系统的广泛需求论证的基础上，着手空间天气业务模式的代码开发和测试工作。

美国国防部（DOD）的快速业务化中心则与美国空军研究实验室和空间战役实验室合作，首先开展基于图形的和面向业务的新型空间天气模式的业务化工作。这些模式致力于解决国防部在某些方面的需求，如电离层闪烁对卫星通信和高频无线电通信的影响，以及极光对地基雷达的干扰。此后，则继续致力于完善第 55 空间天气中队需要的各类空间天气模式。

(3) 空间天气集成建模中心

为促进空间天气集成模式的研发，2002 年在美国国家科学基金会的资助下，在波士顿大学成立了空间天气集成建模中心。

空间天气集成建模中心是一个典型的跨部门机构，由来自大学、联邦政府、非营利性组织和商业公司的研究团队组成，几乎涉及了全美国空间天气领域的主要力量。其目标是创建由描述不同空间层次的物理模式组成的集成模式套件，用以描述由太阳至地球的空间环境。空间天气集成建模中心的建模工作目标有：促进空间科学基础研究；为空间天气业务部门提供预报工具；为空间天气人才培养提供实践机会。

空间天气集成建模中心的成员单位包括：波士顿大学、阿拉巴马大学、达特茅斯学院、佛罗里达技术学院、国家大气研究中心、里兹大学、国际科学应用公司、斯坦福大学、加州大学伯克利分校、科罗拉多大学和马里兰大学。合作伙伴包括 NOAA 空间环境中心、国家超级计算应用中心、联合建模中心、海军研究实验室和空军研究实验室等。

**2. 中国的空间天气建模现状**

中国许多研究所、大学和航天设计部门开展了空间天气模式研究与开发工作，基本上是跟踪和学习国外的各类模式，自主开发的模式还比较少。在 2003 年出版的《中国空间天气战略计划建议》报告中，提出了在空间天气建模方面要加强学术界和业务机构的合作。中国国家空间天气监测预警中心在空间天气灾害预警能力建设过程中，在行业专项的资助下，在促进学界与业界合作方面进行了初步的尝试。相信随着“子午工程”、“夸父计划”等一批重大空间天气计划的实施，中国的空间天气建模工作会得到明显的改观。

### 3. 主要的空间天气预报模式

由于空间天气研究和预报对象的复杂性和多样性，空间天气预报模式可谓形形色色。根据模式所采用预报方法的不同，可以分为经验统计模式和物理模式；根据预报模式的成熟度，可以分为业务性模式和研究性模式；根据预报模式研究对象的不同，则可以分为太阳活动预报模式、行星际太阳风预报模式、磁层预报模式、电离层预报模式和中高层大气预报模式（详见下表）。

**主要的空间天气预报模式**

| 区域 | 模式名称 | 开发者 | 机构 | 模式类型 |
| --- | --- | --- | --- | --- |
| 太阳与太阳风 | MAS（Magnetohydrodynamics Around a Sphere coronal MHD model）<br>日冕磁流体动力学模式 | J. Linker，Z. Mikic，R. ionello，P. Riley<br>美国太平洋半导体公司（PSI） | 物理模式 | |
| | PFSS（Potential Field Source Surface）<br>活动区磁场模式 | J. Luhmann et al. | 美国加州大学伯克利分校空间科学实验室 | 物理模式 |
| | WSA（Wang－Sheeley－Arge model）<br>WSA 太阳风模式 | Nick Arge | 美国空军研究实验室 | 物理模式 |

续表:

| 区域 | 模式名称 | 开发者 | 机构 | 模式类型 |
| --- | --- | --- | --- | --- |
| 太阳与太阳风 | SWMF/SC/IH (Space Weather Modelling Framwork) 空间天气建模架构之日冕与内日球层模式 | Tamas Gombosi et al. | 美国空间环境建模中心(CSEM) | 物理模式 |
| | ANMHD 滞弹性磁流体动力学模式 | Bill Abbett, Dave Bercik, George Fisher, Yuhong Fan | 美国加州大学伯克利分校 | 物理模式 |
| | ENLIL (Heliosphere model) 日球层模式 | D. Odstrcil | 美国科罗拉多大学 | 物理模式 |
| 磁层 | OpenGGCM 地球空间通用环流模式 | Joachim Raeder, Timothy Fuller-Rowell | 美国新罕布什尔大学空间科学中心 | 物理模式 |
| | GUMICS 太阳风、磁层和电离层耦合模式 | Pekka Janhunen et. al. | 芬兰气象研究所(FMI) | 物理模式 |

续表：

| 区域 | 模式名称 | 开发者 | 机构 | 模式类型 |
|---|---|---|---|---|
| 磁层 | LFM (Lyon, Fedder, Mobarry magnetosphere model)<br>LFN 磁层模式 | John Lyon, Slava Merkin, Mike Wiltberger, Peter Schmitt | 美国达特茅斯学院/波斯顿大学 | 物理模式 |
|  | WINDMI<br>地磁暴与亚暴预报模式 | Leila Mays, I. Doxas, Wendell Horton | 美国德克萨斯大学 | 物理模式 |
|  | Fok Ring Current<br>Fok 环电流模式 | Mei – Ching H. Fok | 美国戈达德航天中心 | 物理模式 |
|  | AE – 8/AP – 8 RADBELT<br>辐射带粒子模式 | D. Bilitza, | 美国国家太空科学数据中心，戈达德航天中心 | 统计模式 |
|  | IGRF<br>国际参考地磁场模式 | Susan Macmillan, Stefan Maus | 国际地磁和中高层大气物理协会 | 统计模式 |
|  | Tsyganenko Model (Tsyganenko Magnetic Field Model)<br>Tsyganenko 磁层磁场模式 | Nikolai Tsyganenko | 俄罗斯圣彼得堡大学 | 统计模式 |

续表:

| 区域 | 模式名称 | 开发者 | 机构 | 模式类型 |
|---|---|---|---|---|
| 电离层 | SAMI2<br>中低纬电离层模式 | Joseph Huba, Glenn Joyce, Marc Swisdak | 美国海军研究实验和Icarus研究公司 | 物理模式 |
| | CTIP(Coupled Thermosphere Ionosphere plasasphere)<br>电离层热层耦合模式 | Timothy Fuller-Rowell | 美国NOAA空间环境中心(SEC) | 物理模式 |
| | USU-GAIM<br>犹他州立大学全球电离层观测同化模式 | R. W. Schunk Scherliess, J. J. Sojka, D. C. Thompson, L. Zhu | 美国犹他州立大学 | 数据同化模式 |
| | IRI(International Reference Ionosphere)<br>国际参考电离层模式 | D. Bilitza, | 美国戈达德航天中心 | 统计模式 |
| | Weimer<br>Weimer电离层预报模式 | Daniel R. Weimer | 美国Solana科学公司 | 统计模式 |
| | SISE(Mass Spectrometer Incoherent Scatter models)<br>基于非相干散射资料的中高层大气模式 | A. E. Hedin | 美国戈达德航天中心 | 统计模式 |

# 7 空间天气研究

空间天气研究是当代自然科学极具挑战性的重大前沿研究领域之一。空间天气研究是开展空间天气探测和预报业务的基础，其成果主要涉及理论、技术和应用三大领域，内容涉及太阳、太阳风、磁层、电离层与中高层大气等。研究重点是对空间天气预报起关键作用的物理过程，主要涉及两大方面的问题：一是空间天气的形成、传播与演化；二是它吹过地球时所引起的空间环境的变化。

空间天气研究具有很长的历史。尤其是对太阳黑子的观测与研究，早在公元前100多年就开始了，17世纪初随着伽利略发明望远镜，开创了仪器观测太阳黑子和深入研究太阳活动的历史。之后300多年，空间天气研究发展较慢。20世纪40年代，美国军方为解决第二次世界大战中发生的通信、导航等问题，开展了电离层探测研究，这是现代空间天气研究的早期实践。20世纪

50 年代以来，随着人造地球卫星、洲际弹道导弹、宇宙飞船、空间站发射升空等空间活动的不断增加，空间天气探测迅速发展，使得空间天气研究的范围逐步从中高层大气、电离层扩大到了磁层，乃至整个日地空间。

## （一）国外空间天气研究计划及进展

### 1. 国际日球物理年计划

国际日球物理年计划（IHY）是根据联合国大会决议而开展的一项联合国官方计划。IHY 启动仪式于 2007 年 2 月在联合国总部日内瓦举行。这项旨在促进国际日球物理科学研究与教育的计划为期两年。76 个国家成立了 IHY 组委会，几乎所有联合国成员国都参与了 IHY 活动。

IHY 是对 1957 年的国际地球物理年计划（IGY）的继承与发展。1957～1958 年实施的 IGY 计划，对于人类空间探索活动产生了巨大影响。IHY 的目标是，增强人类对影响行星及地球大气和气候的全局过程和驱动源的认识，促进日球物理研究领域的国际合作，向科学界和公众传播日球物理研究成果，激励下一代的太空探索。又称为第二次国际地球物理年（IGY－2）。

在科学研究方面，截至 2008 年 10 月，已有 65 项合作研究项目提交 IHY，其中许多项目涉及多个空间领域。

**IHY 涉及各空间领域的研究项目数**

| 空间研究领域 | 项目数 |
|---|---|
| 日球层 | 29 |
| 太阳 | 24 |
| 磁层 | 23 |
| 电离层 | 24 |
| 中性大气 | 11 |
| 气候 | 4 |
| 流星/流星体 | 2 |

在教育方面，IHY 已经举办多期国际性研讨班，如 2007 年 6 月 30 日至 7 月 7 日在美国科罗拉多州博尔德举办的北美研讨班；2007 年 12 月 10 日至 22 日在印度柯达卡奈（Kodaikanal）天文台举办的亚太第 1 期研讨班；2008 年 2 月 14 日至 20 日在巴西圣保罗举办的南美研讨班；2008 年 10 月 20 日至 31 日在中国北京举办的亚太第 2 期研讨班；2008 年 11 月 10 日至 22 日在尼日利亚埃努古（Enugu）举办的非洲研讨班。

在监测方面，通过扩展与完善现有监测网，弥补现有监测网在地理分布上的空白，同时为发展中国家科学家提供参与的机会。涉及的监测系统包括：闪烁辅助决策网（SCINDA），中微子监测网，Hα 望远镜监测网和磁力仪监测网等。

2. **美国国家空间天气计划**

为应对空间天气给航天、通信、导航、电力、人类健康和国家安全带来的全新挑战，作为一种国家行为，1994 年夏天美国首先正式启动了国家空间天气计划（NSWP），由美国商务部（DOC）、国防部（DOD）、国家科学基金会（NSF）、国家航空和航天局（NASA）、内务部（DOI）和运输部（DOT）等多个政府部门联合发起。

在美国国家空间天气计划的战略规划中，定义了如下的国家空间天气计划的战略要素，充分强调行业用户、空间天气业务部门和学术界在该计划中的重要性，以及它们之间相互依存和相互促进的关系。

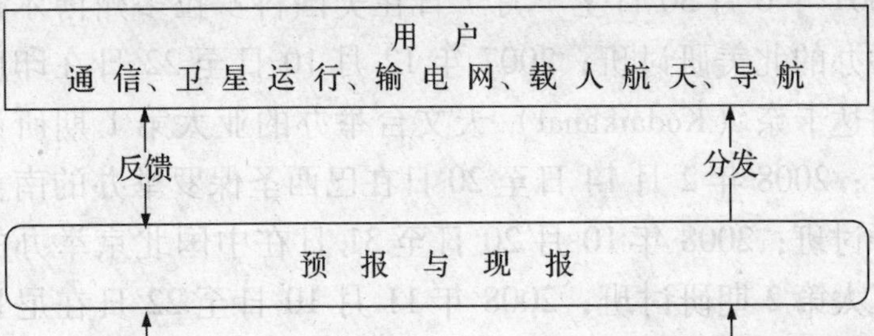


美国国家空间天气计划的战略要素

通过跨部门的通力合作，于 1995 年发布了美国国家空间天气计划的战略规划，提出了实现该计划目标的战略。于1997年发布了美国国家空间天气计划的实施方案，明确了具体的目标，并提出了改善空间天气预报能力的途径。2000年发布了实施方案第2版，该方案在分析评估美国空间天气需求和现状（重点是观测和建模能力）基础上，提出了美国国家空间天气在观（探）测、理论研究、模式开发、技术转化、数据管理、教育与科普宣传、项目管理与分工等方面的目标、措施和路线图。

美国国家空间天气计划实施十多年以来，极大地提升了美国在空间天气研究、教育、探测、建模、预报和服务等诸多方面的能力，增强并巩固了美国在空间天气领域的领先地位，同时，也发挥了极好的示范作用，促进空间天气计划在除美国以外的许多国家与地区得以开展。

**3. 与星同在计划**

为了促进对太阳变化及其影响的研究，美国航空航天局（NASA）于1999年底提出了“与星同在”（LWS）计划。

“与星同在”计划的科学目标是：①确认并理解影响人类社会的各种太阳驱动源（物质与能量），这些影响涉及地球的可居住性、技术应用以及空间探测。②确认并理解太阳活动导致的地球空间响应对人类社会的影响。③太阳活动与地球空间响应之间的定量关联及其模拟。④将该计划的成果应用于更大范围日地空间环境探索，探究地球之外生命或外星球可居住性。

“与星同在”计划的主要任务是：推进日地空间探测，在整个日地系统配置近 10 颗卫星，对日地空间的若干关键区域，进行精细化的同步探测。其中太阳动力学天文台项目对内部和次表面结构、太阳大气磁场结构提供高时空分辨探测；“太阳哨兵”项目则首次实现对太阳的远端观测。建立由太阳动力学网络和地球空间动力学网络组成的空间天气研究性探测网络（SWRN），其中前者对太阳进行探测并跟踪扰动由太阳至地球的传播，后者则由部署于地球空间关键区域的小卫星星座构成，对影响地球空间与中性大气的扰动动力学开展研究。建立有针对性的数据分析和预报模型，提高对太阳活动周空间天气条件及其变化的认识；开发新的技术和模式，开展对影响人类高技术系统影响的太阳与地球空间扰动的预测；发展高效的数据同化技术，对卫星探测网络获取的数据进行同化分析。建立空间轨道技术试验平台，提供在高辐射轨道环境下进行抗辐射验证实验的条件。建立并扩展空间天气研究合作。

“与星同在”计划已扩展为“国际与星同在”（ILWS）计划，中国积极参加该计划并作出了重要贡献，中国的“夸父计划”A 星已入选该计划 L1 点候选探测卫星。

**4. 欧空局空间天气计划**

1998 年 11 月，欧空局在荷兰诺德惠克（Noordwijk）

组织召开了一次空间天气研讨会，其目标之一是了解不同国家在空间天气领域的现状，目标之二是研讨空间天气对于科学、技术、经济和环境的总体影响，重点在于明确欧洲空间天气服务的潜在用户需求。

1998 年 10 月，应欧空局的请求，荷兰气象研究所拟制并出版了关于“空间天气建模技术发展水平及欧空局的对策”的报告。该报告评估了全球空间天气的现实需求和能力，重点强调欧洲的计划与能力。

根据该报告，欧空局针对自身的需求，提出制定欧空局空间天气计划的招标书，招标截止日期为 1999 年 9 月。招标公告明确要求所拟制的欧空局空间天气计划必须包括需求分析、费效分析和详细的项目方案。

欧洲空间天气计划是由欧空局“空间环境和效应分析部”主持制定的，包括两项并行研究，通过这些研究调查该计划的获益和需求，然后建立计划可能的内容和组织。

欧洲空间天气计划的特点是以市场为引导，围绕市场需求开展空间天气的研究和服务，从而更贴近用户，更能够满足用户需求。通过深入分析“空间天气效应”，彻底解决困扰用户技术系统的空间环境问题，做到了空间环境的描述、预报、效应分析的有机结合。

欧洲空间天气计划中首先分析了空间天气计划潜在的效益，调查可能会受到空间天气影响的组织与机构，以此建立起空间天气服务的基本需求。然后分析了这些用户需求，明确可以生成空间天气产品的建模过程，监测则是为了提供模式的输入条件所需要的。这样建立的监测需求，规定了空间天气计划用户所需的监测能力。然后，通过地基和天基探测器的适当联合来满足这些需求。最后讨论了这些探测器的运控支持、数据收集以及产品的生成与分发所需的基础设施。使用上述方法建立并维持可追溯到系统和用户需求的能力，如此，容易对所有需求变化作出反应，并对整个计划进行改进和完善。

## （二）中国的空间天气研究

### 1. 主要研究机构

由于空间天气是一门多学科交叉的新兴学科，同国外一样，中国涉足空间天气研究的机构较多，主要有中国科学院空间科学与应用研究中心、中国科学院国家天文台、中国电波传播研究所、中国科学院地质与地球物理研究所、北京大学、中国科技大学、武汉大学、南京大学，以及军队有关单位。此外，在国家和军队空间天气业务单位，如国家空间天气监测预警中心、军队某部等，也开展一些空间天气研究工作，侧重于方法和应用技术研究。

### 2. 主要研究计划及进展

(1) 中国空间天气战略计划

由国家自然科学基金委员会牵头组织，中国科学院空间科学与应用研究中心、国家天文台、中国电波传播研究所等15个部门和单位参加。1999年2月20日，正式启动“中国空间天气战略计划”专项研究。在跨部门专家的共同努力下，经过深入、广泛的调研论证，2003年完成研究工作。

该计划调研论证了中国空间天气的现状和发展需求，制订了空间天气发展的战略目标和任务，明确了空间天气有关部门的分工与任务，提出了实现空间天气战略计划的主要措施。

该计划提出的中国空间天气战略计划的目标是，在现有空间天气研究基础上，进一步提高空间天气监测、研究与预报能力，力争在2015年左右实现与国际接轨；加强宏观调控，合理利用资源，把各部门分散的力量集中起来，在空间天气领域建立一个高效的、综合的、部门间协调一致的工作程序、研究体系和技术体系，为国家提供实时、精确和可靠的空间天气监测和预报，为解决国家发展高科技所面临的空间环境问题作出贡献。

该计划的主要成果于2003年由中国科学技术出版社出版，名为《中国空间天气战略计划建议》，国家自然科学基金委员会主编。

（2）双星计划

“双星计划”是中国与欧洲空间局之间的第一个联合空间探测计划，由两颗卫星组成，与欧洲空间局的“星簇计划”（Cluster）的4颗星联手，共同探测地球磁层的整体过程及其对行星际扰动的响应。其中“探测1号”（TC-1）为近赤道椭圆轨道，远地点约为13个地球半径，2003年12月30日发射，部署有8种载荷，分别是卫星姿态动态控制器、磁通门磁力仪、热离子分析仪、重离子探测器、高能电子探测器、高能质子探测器、低频电磁波动探测器和等离子体电子与电流实验装置等。“探测2号”（TC-2）为极轨轨道，远地点约为6个地球半径，2004年7月25日发射，同样装载8种探测设备，其中5种与“探测1号”相同，另3种分别是中性原子成像仪、代替热离子分析仪的低能离子探测器、简化版的低频电磁波动探测器，探测2号无卫星姿态动态控制器。

“双星计划”与“星簇计划”共同组成的6点联合探测星座，首次对地球空间关键科学区域的主要等离子体参数实施长期实地探测，为空间物理和空间天气研究提供了大量的宝贵探测数据。基于该计划的探测数据，科学家经过研究，在动量传输事件和磁重联过程等方面取得了重要的创新性成果。

该计划的首席科学家是中国科学院院士、中国科学院空间科学与应用研究中心刘振兴研究员。

(3) 子午工程

“子午工程”（全称是“东半球空间环境地基综合监测子午链”）是对沿东半球120°E子午线附近，利用北起漠河，经北京、武汉，南至海南并延伸到南极中山站，以及东起上海，经武汉、成都、西至拉萨的沿北纬30°N附近共15个综合性观测台站，建成一个以链为主、链网结合的联合运作的大型空间环境地基监测系统，运用无线电、地磁、光学和探空火箭等多种探测手段，连续监测地球表面20千米~30千米以上到几百千米的中高层大气、电离层和磁层，以及十几个地球半径以外的行星际空间环境中的地磁场、电场、中高层大气的风场、密度、温度和成分，电离层、磁层和行星际空间中的有关参数。“子午工程”监测台站分布如下图所示。

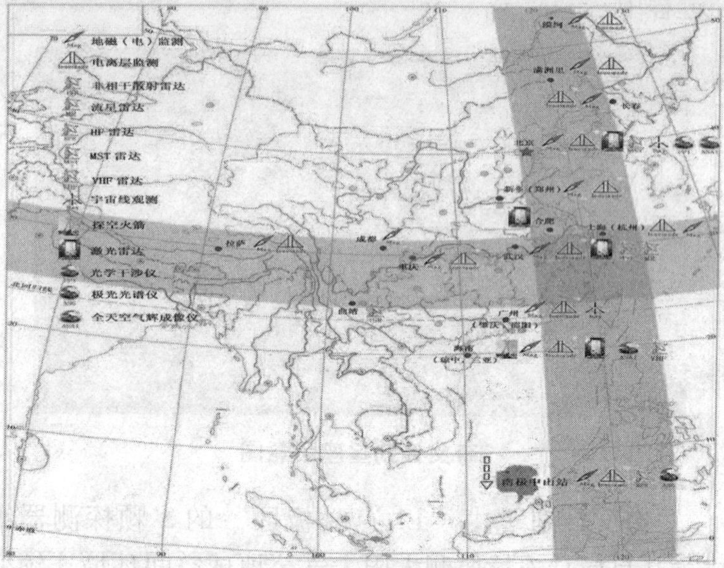


**“子午工程”监测台站分布图**

“子午工程”由中国科学院牵头，教育部、信息产业部、中国地震局、国家海洋局和中国气象局等部委的相关单位参加，2007 年完成可行性论证和初步设计，2008 年 1 月正式开始建设，计划 2010 年完成。

(4) 夸父计划

“夸父计划”是一项由 3 颗卫星组成的空间探测系统，由北京大学涂传诒院士于 2003 年 1 月正式提出建议，先后得到国家自然科学基金委员会重点项目和国家航天局预研项目的支持，目前正处于方案设计和背景研究过程中。

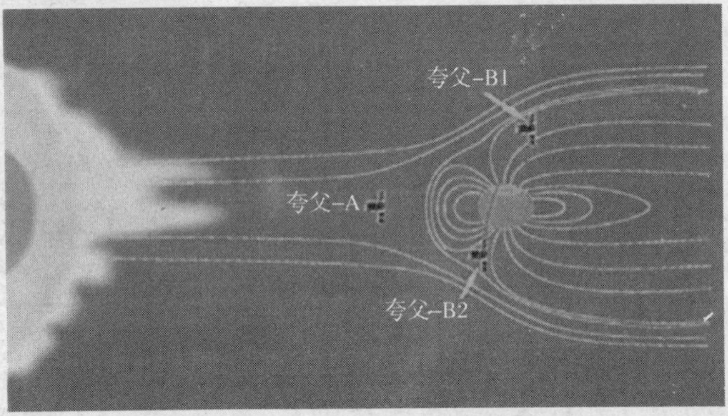


**夸父计划星座示意图**

“夸父计划”由“L1 点 + 极区”的 3 颗探测器组成，其目标是连续监测太阳大气至地球空间环境连锁变化的全过程。夸父 A 星位于 L1 点，主要用于观测太阳极紫外辐射、白光日冕活动、太阳射电辐射、行星际等离子体、磁场和高能粒子。夸父 B1 和夸父 B2 星为极轨卫星，可以对北极极光卵进行 7×24 小时连续监测。

“夸父计划”正深入论证项目的科学目标和载荷方案，同时航天工业部门开展包括卫星平台、发射方案、测控和数传等方面的工程研究。夸父计划预计在第 24 太阳活动周极大年期间（2012 年左右）发射“夸父”卫星，设计生命期为 2 至 3 年，成功之后将极大促进空间天气研究和预报。

(5) 中国台湾“福卫卫星计划”

在美国的支持下，中国台湾先后发射了“福卫卫星计划”系列卫星。其中“福卫－3”是中国台湾与美国大学大气研究联合组织（UCAR）的合作项目，旨在构筑一个先进的全球气候实时监测系统，即“业务气象预报、空间天气和气候的卫星星座观测系统”（COSMIC）。2006 年4 月15 日，中国台湾的6 颗“福卫－3”卫星由1 枚“人牛怪”火箭从美国范登堡空军基地发射升空。

该卫星系统很独特，是由 6 颗低轨道小卫星组成的星座（视需要还可扩充），在美国 24 颗 GPS 卫星发射的信号穿过电离层后才收集其信息，从而探测涵盖全球的大气层及电离层。它能提高天气预报的准确性，还可用于长期气候变化研究和空间天气预报等。

“福卫－3”卫星由美国轨道科学公司承制，工作寿命为5 年，每颗“福卫－3”卫星质量是62 千克（含燃料），外形呈扁平圆柱形，直径约为 103 厘米，高约 16

厘米，载有3台仪器：GPS气象测量仪、小型电离层光度计（Tiny Iono－sphere Photometer，TIP）和3频段信标仪（Tri－Band Beacon，TBB）。

GPS气象测量仪是卫星上的核心仪器，由美国航空航天局喷气推进实验室研制，装有能接收GPS卫星发射的L1、L2频段信号的GPS双频接收机和4副天线，用于测量GPS的信号相位和幅度。该仪器采用先进的无线电掩星观测技术，具有范围广、全天候、精度高、垂直分辨率高和长期稳定性高等优点。它根据卫星的相对位置和多普勒频移原理，即通过GPS信号穿过电离层和大气层时受电子密度、温度、压力及水汽含量等影响电波路径出现弯曲而产生的时间延迟，并根据测量的电波相位和卫星星历数据，来计算大气层的折射率，从而推算出0～60千米大气层中的密度、压力、温度和湿度数据；另外，能根据电波相位延迟，计算出电离层的折射率，推算出90～700千米大气层中的电子密度剖面。

小型电离层光度计由美国海军研究实验室研制，主要用于接收电离层中激发态的氧原子和自由电子结合时所辐射的电磁波，然后转换为135.6纳米光谱频段，推算沿卫星对着地球方向的电离层电子密度总量，获得电离层F层中电子密度在水平方向上的变化情况。

3频段信标仪也由美国海军研究实验室研制，使用发射机同时发射150MHz、400MHz、1067MHz等3个频率的标识信号，经由分布在全球各地的接收站接收后，推算出在电离层高度（90～700 千米）的高分辨率电子密度场和总电子含量，以研究电离层闪烁现象等。

### （三）空间天气研究发展趋势

从美国、欧洲空间局等国家和地区的空间天气发展计划中可以看出，空间天气研究的发展趋势是：①进一步加强空间天气探测能力，研制发展以天基探测系统为龙头，以地基探测系统为主体的实时立体空间天气综合探测系统，形成天地组网探测能力，获取更为丰富的空间天气资料。②大力加强空间天气预报能力，重点研究发展以物理过程为基础的空间天气预报模式，提高预报准确性和时效性。③继续加强空间天气基础研究和应用研究，更加深入地探究认识空间天气形成和发展变化的物理机制，了解和掌握空间天气对各种技术系统和装备的影响机理。④切实搞好空间天气教育宣传活动，研究如何增强领导机关和培养用户的空间天气意识，提高从业人员的专业素质。此外，还要探索进一步加强空间天气国际国内合作与交流的机制，促进研究成果的深化、完善与转化。

就深入研究一次空间天气事件而言，现在和今后需要把来自不同空间区域的扰动爆发现象，整合成统一的有因果时序关系的“画面”，进行多学科的综合与系统研究。

# 8 空间天气与军事

军事活动特别是各种各样的战争，都是在一定的战场环境下进行的，无论是作战行动、武器装备还是参战人员，无不受到复杂战场环境的影响和制约。随着空间战场日益成为信息化战争的主要战场和战略制高点，空间战场环境特别是恶劣空间天气对战争的影响和制约日益凸显。如何认识并利用空间天气为信息化战争服务，实现趋利避害，是空间天气工作者和部队指挥员应该认真对待的一个重要问题。

## （一）空间已成为军事活动的重要场所

现代战争的显著特点之一就是战场重心向高层空间扩展。军事侦察、通信、预警、导航定位、气象、海洋、空间环境等各类卫星在浩瀚无垠的太空星罗棋布，昼夜遨游，为军事筹划、战略战役决策和作战行动提供着大量极具价值的情报信息，空间军事力量在现代战争中扮演着越来越重要的角色。

1991 年的海湾战争，是对空间战场在现代战争中重要作用的一次检阅。战争中，共投入各类军事卫星 72 颗，在通信、指挥、导航、侦察、预警、气象观测、战斗效能评估等方面发挥了重要作用。1999 年科索沃战争中，以美国为首的北约依仗空间军事优势取得“制天权”。北约部队动用卫星达 78 颗，不仅利用近地轨道上的各类卫星提供情报支援，而且利用卫星直接引导海基、空基巡航导弹和精确制导炸弹打击目标。精确制导炸弹或导弹根据卫星发出的信号，准确地飞向目标，实施精确打击。在阿富汗战争、伊拉克战争中，各种军事空间力量也得到广泛运用。

世界主要国家军队十分重视航天部队（天军）的建设，以适应太空竞争的需要。不少国家在进入 21 世纪后，加快了天军的建设步伐。比如，美军于 2001 年 1 月进行了太空战演习，2006 年底美高级官员专门发表演讲称，美军部署太空武器为的是阻止敌国或恐怖组织攻击美国的卫星和地面设施。俄罗斯在 21 世纪之初组建了独立的航天部队，并部署了太空武器。法军视太空为军事战略要地，力图通过太空力量的部署获得军事优势。日本国会 2008 年 5 月通过了旨在允许日本以自卫为目的、军事利用太空的《宇宙基本法》，从而打开了日本太空军事化的大门。印度、韩国等也加紧了航天部队的建设。

随着太空军事竞争的日趋激烈，空间将成为军事对抗的重要场所，掌握和运用空间技术，拥有空间优势，获得“制天权”，对国家安全非常重要。

## （二）空间天气对军事活动的影响

空间天气对各类军用空间飞行器（包括导弹）的设计、飞行、使用等都有不可忽视的影响。灾害性空间天气可导致军用卫星失效或坠落、导弹失灵或弹头受损、通信中断、导航定位不准等重大事故。此外，强太阳耀斑活动还可引起中、高纬大气环流变化，增加雷电活动，影响天气和气候变化，从而影响陆、海、空、天等各个区域军事活动。

### 1. 空间天气对军事航天活动的影响

飞行器的设计、轨道寿命、姿态控制、星体材料、微电子设备和人员的空间活动及安全等都会受到空间天气的影响和制约。据统计，1971 年 2 月至 1986 年 11 月，在美国卫星（其中有多颗军事卫星）出现的异常事件中，70% 与卫星所处的空间环境有关。美国军方认为，在上述影响当中，最关键的是太阳耀斑和日冕物质抛射。它们产生的电磁辐射和高能粒子等对空间系统的影响尤其重大。低轨卫星受到强烈太阳事件的影响，星上各种传感器和电子系统的性能就会大大降低，甚至完全被破坏。如1983年太阳上发生的一系列大爆炸，曾导致美国军用气象卫星一度中断向地面发送云图、导航卫星几天不能正常工作、低轨卫星姿态几乎失去控制。美国空军和海军长期监视的6000多个空间目标，由于空间天气的影响，轨道参数发生了显著变化而丢失。

**2. 空间天气对$C^4ISR$系统的影响**

$C^4ISR$系统，即指军事指挥、控制、通信、计算机、情报、监视和侦察系统，是信息化条件下战场的神经中枢，由军用短波通信、卫星通信、地面导航、卫星导航、卫星侦察、预警探测、雷达、计算机系统、网络系统等高技术系统组成。对现代军事活动来说，来自空中和太空的威胁日益严重，能否对空中和太空目标实施不间断的监视和预警已经成为现代战争指挥、战役战术行动能否成功的关键因素。但是，无论是侦察预警卫星，还是利用电离层的远程预警雷达和超视距雷达，都不可避免地要受到空间天气的影响。这种影响主要体现在：空间辐射背景和空间碎片等对目标发现、识别和跟踪的影响，电离层折射对目标方位、速度和距离的测量精度的影响，电离层高度和电子密度对最佳可用频率选择的影响等方面。

美空军空间司令部1997年2月透露：1989年3月的一次大磁暴后，美国北美防空司令部跟踪的1300多个空间目标“失踪”，造成了美国军方的极度紧张。花费了大约一个星期更新修改了跟踪系统的轨道参数，才重新找到目标。美军认为，在空间灾害性天气出现时期，尤其是发生太阳耀斑期间，是敌人导弹袭击的最好时机，也是防护袭击的最困难时期。因为这时很难确定空中目标是来袭导弹还是原来监测的目标。美军解释，这是由于地磁暴的影响使卫星轨道发生了变化造成的。

美军研究表明：电离层闪烁事件对 GPS 导航定位有影响。GPS 导航定位系统是通过导航卫星发射导航信号，GPS 接收机接受其信号工作的。电离层闪烁事件可引起信号强度的增强和衰落以及相位变化，导致 GPS 接收机对特定卫星信号失锁，一旦同时可用 GPS 卫星数目减少了，精确定位的能力就会降低。美军研究还表明，平均闪烁条件与太阳活动的级别、所处时间（一天中的具体时间）和纬度有关。在太阳活动极大年，在地球的高纬地区（极光区和极地地区）和赤道地区，电离层闪烁很强，夜间尤其强。太阳活动越厉害，闪烁事件越强。

美军还认为 GPS 信号路径上的电子总含量可产生 GPS 定位误差。电离层中自由电子的存在可引起高频无线电波传播发生弯曲或延迟。尽管 GPS 卫星使用的频率较高，但是也还将遭受影响，发生一些弯曲。这种信号弯曲增加了信号路径的长度，可导致 GPS 定位误差高达 100 米。

由于受目前空间天气监测、研究技术和能力的限制，GPS 导航定位系统对实际环境的脆弱性还有待研究。但是，美军已经充分认识到该问题的重要性，已经在有关工作计划中指出“要用更好的空间天气保障来补偿环境对未来高精度 GPS 技术造成的误差，精确地描述和预测电离层参数将有助于这些未来系统的设计和使用”。

**3. 空间天气对战略武器使用的影响**

空间天气对洲际导弹的飞行安全、测控和打击准确度等都有重要影响（参见彩图 11）。如在通常情况下，利用标准大气模式可以计算出大气对导弹飞行轨道的影响。但是，当太阳爆发导致高层大气密度发生剧烈扰动的时候，导弹飞行的实际轨道将严重偏离预测轨道，以至地面跟踪站会“丢失”跟踪目标。此外，电离层状态对导弹精确打击所依赖的导航系统也会产生严重影响，从而影响到导弹打击的准确度。有关研究认为，在不考虑制导修正时，若大气密度比原设计值增大 20% 和 40%，射程分别减少 20 千米和 40 千米以上。根据美国 100 万吨级当量民兵导弹核弹头摧毁地下井导弹的估算，在 0.4 千米之内爆炸的破坏概率为 80%，在 1.6 千米之外爆炸的破坏概率只有 10%。另外，核武器的引爆装置若用过载时间引信，当大气密度变化 ±5%，弹头引爆误差则可达 1 千米左右，严重影响核弹头的摧毁效果。美国空军研究指出，如导弹命中准确度提高 10 倍，则武器摧毁效果可提高 100 倍。

为了解决已有的大气密度模式的准确度问题，美军在 1993 财政年度利用非常精密的仪器设备进行了一次空基大气密度试验，把大气密度测量准确度提高了 2

倍，并以这些测量数据为基础研制出新的热层模式，纳入到空间环境综合模式之中。

## （三）空间天气影响军事典型事例

**1.“魁北克事件”导致美军千余卫星“失踪”**

1989 年 3 月 13 日至 14 日爆发了称为“魁北克事件”的太阳风暴，不仅导致加拿大魁北克地区大范围停电事件，也对军事活动产生了重大影响。据美国空军空间司令部 1997 年 2 月透露，在这次太阳风暴期间，美国北美防空司令部跟踪的 1300 多个空间目标“失踪”，造成了美国军方的极度紧张。美军卫星跟踪系统事后花费了一个星期才重新找回目标，并且需要更新系统的轨道参数。

**2.“沙漠风暴”遭遇太阳风暴**

1991 年 1 月 17 日至 2 月 24 日，以美国为首的多国部队实施了“沙漠风暴”行动，利用由侦察卫星、导航定位卫星和通信卫星等大量航天高技术武器系统所带来的战场信息优势，多国部队对伊拉克进行了持续 38 天的空中突击，美军的“战斧”式巡航导弹在 $C^4$ISR 系统支持下，彻底摧毁了伊军的防空阵地和雷达阵地。然而整个行动期间，多国部队有高达 40% 的武器未击中目标。战后美军研究发现，这些未击中目标事件与沙漠风暴期间爆发的太阳风暴事件有关。由于电离层是 $C^4$ISR

系统的无线电信号传播媒介，太阳风暴导致的电离层扰动影响了“战斧”式巡航导弹的打击精度。该项研究直接推动了此后美国开展的空间天气发展计划，美军由此还提出了“空间天气保障是军力倍增器”的理念。

**3. 中美撞机事件的善后工作遭遇“电离层骚扰”**

2001年4月1日发生美军侦查飞机撞毁中国海军航空兵歼八战机事件，导致中国飞行员落海失踪。在随后几天里，中国海、空军联合出动，在茫茫大海中展开了地毯式的搜救工作。然而正当搜救飞行员的工作紧张进行时，有关军事部门的搜救通信联络和侦测工作“突然受阻、中断”达两个小时左右，同时中国军方长期监测的电台目标也几乎全部丢失，这极大地增加了对当时复杂形势的判断。事后经专家分析得知，在4月1日至13日期间共发生了9起强烈的太阳耀斑爆发事件，并在中国境内造成7起突然电离层骚扰，其中4月3日发生了25年内最强的太阳X射线爆发，使得电磁波的反射媒质——电离层中的电子浓度在短时间内急剧增加，增强了低电离层对电磁波的吸收，导致军事通信系统失效，并且给搜救工作的通信联络造成威胁。

## （四）美军的空间天气研究与保障

从20世纪70年代开始，美军一直把空间天气研究和保障视为军事气象研究和应用领域的重要内容，在每个财政年度气象工作计划中都列有空间天气研究和保障专项。

美军空间天气研究和保障的宗旨是：通过研究与应用，对军用电磁通信、预警、导航定位系统提供基本的和特定的空间天气预报、警报，并进行事后分析、效益评估等；为国防部特殊的战略计划和军事指挥系统以及国家安全机构提供决策辅助，以便把恶劣的空间天气对军事战略系统的影响减小到最低限度，同时，把为储备这些战略力量所需资源减少到最低点。

经过几十年的建设和发展，美军在空间天气研究和保障方面取得很大进步，走在世界前列；已建立了相对独立、比较完善的空间天气研究和保障机构及业务技术系统，具备了一定的空间天气监测、预报、警报的业务能力，不仅为美军的航空航天活动和现代高技术战争提供了保障，而且推动了美国和国际空间天气学的发展。

**1. 空间天气研究**

美军空间天气研究力量主要集中在海军研究实验室（NRL）、海军研究局无线电波传播中心、空军研究实验室（AFRL）和美国国防核武器局（DNA）。

美国海军和空军空间天气研究内容都涉及空间环境、空间环境与空间系统的相互作用、空间环境规范等。研究的重点是空间天气现象、发展变化及其对武器系统和军事行动的影响（包括影响机理、影响的持续时间、影响的位置和程度）以及辅助决策的软件，空间天气描述和预报模式、效应评估模式等。但是由于海军、空军各自承担的任务、需求和应用目的不同，研究重点各有侧重。

海军研究实验室的主要研究任务是，评估高层大气条件对海军系统运行状态的影响。海军研究局无线电波传播中心负责高层大气、电离层、磁层、太阳风和太阳物理和化学属性的理论研究和试验研究方面的基础计划。空军研究实验室的研究内容主要涉及空间辐射、空间环境描述和预报、太阳扰动预报以及中高层大气研究、空间环境与军事系统的相互作用研究。

国防核武器局空间天气研究的主要任务是，负责与各种任务有关的电离层、磁层扰动方面的研究，以便逐步加深对一些物理过程的认识，从而外推、预测核摄动下的大气。在不进行大气核试验的情况下，自然界的空间天气扰动，如极光和亚暴事件，人工控制的大气扰动如人造极光等，都是制定摄动大气预测标准的有用信息源。

**2. 军事空间天气保障**

(1) 发展概况

美军空间天气保障始于1940年的太阳观测。1965年9月组建太阳观测中心并建立太阳观测网。1970年4月成立航空航天环境中心空间预报处（Space Forecasting Branch）。1973年12月，该预报处转属设在内布拉斯加空军基地的空军全球天气中心（AFGWC）。1978年2

月，Palehua太阳射电望远镜开始业务运行。1979年5月，空军气象局受命管理太阳光学和射电观测网。后来创建空军空间司令部，把空间预报处从AFGWC移交科罗拉多的Sprins。后提出组建空间预报中心的构想。1988年6月15日空间预报中心破土动工，位置在科罗拉多州Schriever空军基地。1989年6月，第四天气联队7分队作为空间预报中心，恢复业务活动。1991年10月成立空军空间天气预报中心（AFSFC），1992年10月具备基本业务预报能力。1994年9月，由于美军编制调整，空间天气预报中心划归空军空间司令部管辖。1994年10月将该中心重组为第50天气中队，1997年9月改称为第55空间天气中队。1999年10月1日，第55空间天气中队在机构重组中划归空军气象局。这次重组使第55空间天气中队回归到其1988年之前的隶属状态。这样，第55空间天气中队利用空军气象局强大的计算机能力，可制作发布更多的产品，改善空间天气预报的精度和时效性。

（2）保障体制

美军空间天气保障，绝大部分时间都是由军事气象系统负责，只是在美军空间司令部成立以后的一段较短时间划归空间司令部负责。冷战时期，空间天气保障主要是为国家战略服务，产品及其发送范围极其有限，密级很高，因此鲜为人知。海湾战争中，美军比较成功地实施了空间天气保障，包括实施空间天气封锁，获得好评。自此，空间天气保障更加受到有关军方面的重视。

主要保障机构是美军第 55 空间天气中队（55th Space Weather Squadron）。该中队位于科罗拉多州富尔肯空军基地。中队下辖遍布世界各地的 6 个分遣队。第 55 空间天气中队是美军空间天气保障中心，其职责和任务是：为国防部在 50 公里以上空间环境中运行或可能受到 50 公里以上空间环境影响的军用电磁通信系统、侦察系统和预警系统提供空间天气服务和产品，包括：昼夜 24 小时对太阳活动和其他空间天气现象进行观测/监测、现报、预报和警报，评估空间天气对卫星、雷达和通信系统的影响，提供各种安全保密等级需要的其他技术保障，以提高美军全球作战能力，保护美军和美国政府在“天基”和“地基”的军事装备及巨额资产，遏制对手的空间对抗能力。

(3) 业务系统

美军空间天气保障业务系统由空间天气探测监测、分析预报等分系统组成，是美国国防部系统的专用保障系统，同时也是国家空间环境业务系统的备份力量。

空间天气探测和监测系统由军民双方的天基和地基系统组成，包括太阳、电离层和地球物理传感器的全球网络系统。天基系统由地球同步环境卫星（GOES）、NOAA 卫星、国防气象卫星（DMSP）和其他军事卫星组成。地基系统由太阳光学和射电望远镜网、地磁观测站和电离层观测系统构成，电离层观测系统主要由属于美国军方的电离层探测系统（基于GPS）和数字式电离层探测系统（测高仪网）组成，覆盖全球，但主要是北半球。太阳光学望远镜和射电望远镜组成的观测网由军队第55空间天气中队直接操纵。根据有关协议，该中队还负责接收GOES系列卫星的实时太阳X射线和高能粒子资料，NOAA卫星、DMSP卫星和国防部其他地球静止卫星提供的地球低轨道和地球静止轨道高能粒子资料，使用美国地质调查所（USGS）陆基磁力仪监测网进行监测。

空间天气分析预报系统由军队第55空间天气中队与美国空间天气预报中心（SWPC，前身是美国国家空间环境中心）的相应系统组成。第55空间天气中队与美国空间天气预报中心两者间的关系是：既各自独立、自成系统，又紧密联系、互为支持。第55空间天气中队和国家空间天气预报中心之间，在预报太阳耀斑、地磁活动、可能的高能粒子事件和10.7厘米射电流量，以及进入地球高层大气的能量指数方面有共同的需求，合作比较密切。参见彩图12。

（4）产品和服务

空间天气警报产品和服务包括：干扰日照面高频通信的太阳X射线耀斑事件；干扰通信系统和雷达系统的太阳射电爆发事件；对宇宙飞船产生辐射危险，吸收跨极高频无线电波的太阳质子事件；影响高频和卫星通信系统的电离层闪烁事件；影响低纬度卫星轨道参数，造成宇宙飞船充电和（或）物理损害，干扰无线电波传播或雷达系统的地磁暴等。参见彩图13。

空间天气预报产品和服务包括：电离层状况；卫星轨道上的高能粒子通量；太阳耀斑、质子事件和地磁暴事件；高层大气密度变化（通过提供地磁和太阳活动指数）；高频无线电波传播；对业务系统的问题进行的详细事后分析研究，用于确定空间环境是否是起作用的因素等。

（5）发展重点

美军空间天气保障发展重点主要集中在空间天气探测和空间天气模式研制与应用方面，目的是进一步提高空间天气预报准确率和空间天气保障效益。

加强太阳观测。太阳是各种空间天气得以产生和发展的源头，要提高空间天气预报的准确性，最关键的是要对太阳活动进行实时观测。美军认为，日面活动区的精确定位对于准确预报太阳耀斑对近地环境的影响十分关键。美军采取的措施有：在GOES系列卫星上搭载太阳X射线成像仪（SXI），监测太阳极紫外（EUV）和X射线部分的太阳辐射，这些资料实时传输到空间天气预报中心和第55空间天气中队；利用一个新的陆基太阳射电爆发探测（SRBL）系统，对太阳射电辐射进行探测，监测某些太阳现象，以弥补光学观测受云和其他大气遮蔽物影响的缺陷。

加强电离层探测。电离层空间天气可对通信、导航定位等构成重大影响，是美军空间天气保障十分重要的内容。美军认为提高电离层垂直方向的探测能力，是提高空间天气预报准确率的关键因素之一。美军新装备的电离层探测系统有：基于 GPS 信标的电离层探测系统（IMS）、基于数字测高仪的数字式电离层探测系统（DISS）和分布于低纬地区的电离层闪烁监测网。

加强分析预报模式应用。美军空间天气预报主要是经验预报和统计预报，对太阳、行星际和中性大气的预报能力有限，对地球磁层和电离层的预报能力更是不足。主要原因是空间天气探测资料的不足和对空间天气产生和发展的物理机制认识不足。美军在加强研究的同时，积极利用国内、国际可以利用的力量进行日地空间空间天气耦合机制研究和模式研究应用，甚至在国际互联网上公开征集空间天气模式。根据计划，第 55 空间天气中队通过实施有关计划，获得能确定和预报从太阳到地球高层大气之间的各类空间天气模式，重点加强其业务应用。这些模式包括：磁层模式、电离层模式、行星际激波传播模式以及集成模式等。多数模式已经通过验证后投入业务使用。

（6）主要特点

美军当代空间天气保障有以下一些特点：

①体系完善、职责明确。1997 年 9 月第 55 空间天气中队的建立，标志着美军方已基本建成比较完善的军事空间天气保障业务体系。其主要职责也明确为：为军

用通信系统、侦察系统和预警系统等提供空间天气服务和产品。具体包括：负责 24 小时连续观测太阳活动和其他空间天气现象；提供空间天气现报、预报和警报；评估空间天气对卫星、雷达和通信系统的影响；保护美军和美国政府“天基”和“地基”的军事装备和巨额资产，遏制对手的空间对抗能力。

②天地一体化观测、“无缝隙”一体化保障。美军空间天气业务中重视自主观测能力建设。第 55 空间天气中队拥有较完善的天地一体化空间天气观测系统。其中，天基观测系统包括部署于国防卫星计划（DSP）、GPS 导航星座和军方保密卫星的高能粒子探测器，以及部署于国防气象卫星计划（DMSP）的极光、空间磁场、电离层参数和高能粒子探测器。地基观测系统包括：太阳光学观测网、太阳射电观测网、太阳射电光谱仪观测网、电离层探测系统（基于 GPS 的）和数字电离层探测系统（数字电离层测高仪网）等。同时，美军注重从海底至太空的气象、海洋和空间环境的“无缝隙”一体化保障，使相对年轻的空间天气保障与传统的气象保障、海洋环境保障结合起来，实现在联合作战中的“无缝隙天气保障”，达到“拥有天气”的目的。

③空间天气模式多、特色鲜明。美军投入业务应用的空间天气模式多。2000 年时美国空军第 55 空间天气中队的在用业务模式就达 21 个，远多于美国空间天气预报中心的 4 个。这些业务化模式中有 11 个涉及电离

层及其影响效应的分析预报，紧贴军事空间天气保障需求，特色鲜明。

④军民合作、互相促进。尽管美国空军第55空间天气中队日常与国家空间天气预报中心各自拥有不同的职责，前者主要为国防部用户提供专用或保密的空间天气保障产品，后者则为国防部以外的用户和公众提供空间天气服务，但为了避免重复，两个机构不仅资源共享，还共同承担空间天气数据库的运行维护，警报和预报产品的制作等日常业务。美国空军第55空间天气中队与美国国家空间天气中心的这种业务合作方式，促进了双方的发展。

⑤实践检验、逐步完善。1991年海湾战争“沙漠风暴”行动期间的太阳耀斑活动，影响了战争中多国部队GPS导航定位系统的正常运行。美国1997年9月1日出版的《航空和空间技术周刊》首次披露了这一事实，指出当时美军作战部队曾把太阳耀斑对GPS导航定位系统的影响误认为是敌方施放的电子干扰或自身仪器发生了故障。“沙漠风暴”之后，美军更加重视使用航天武器，推动了美军对空间天气的重视，从而使得GPS和$C^4$ISR等系统受影响的事件减少。有关研究还直接推动美国加强空间天气发展计划，美军并且提出了“空间天气保障是军力倍增器”的理念。科索沃战争、伊拉克战争中航空航天系统的巨大威力和空间天气保障的杰出表现，也有力促进了美军空间天气研究和保障的进一步完善和发展。

## （五）军事空间天气保障发展思考

空间天气对军事活动的影响是不以人的意志为转移的。在20世纪的冷战时期，空间天气保障为国家战略服务，产品及其发布范围有限，密级比较高，因此鲜为人知。随着海湾战争、科索沃战争、伊拉克战争中美军实施空间天气保障，包括实施空间天气信息封锁的披露，以及美国国家空间天气战略计划及其实施计划的发布，空间天气及其影响问题已从冷战时期的高度保密状态中显现出来，引起我们的逐步认识和逐渐重视。如何借“他山之石”，正确对待空间天气及其影响，逐步探索解决空间天气监测预警、预报保障问题，以及如何科学发展军事空间天气保障等，是我们面临的新问题和新课题。

中国军队的空间天气业务建设还仅仅处于起步阶段。从“十五”期间开始，总参气象水文局组织相关人员开展了资料收集与分析研究工作，了解国内外空间天气发展态势，先后参与国家空间天气发展战略研究、国家重大科研项目有关建设。2007年5月，总参气象水文中心正式担负空间天气预报保障任务。2008年2月，进入军事空间天气业务建设的新阶段。但是，目前军队空间天气保障管理、装备和技术体系尚未建立，保障能力和水平还十分薄弱，与保障需求相比还有不小的差距。

可以从以下几方面探索并努力实践。

**1. 加强保障体系建设，实现“三位一体”保障**

军队空间天气保障业务机构的完善，为军事空间天气业务建设提供了良好的平台，但是，军事空间天气业务体系还亟待完善。首先，应强化组织管理体系，明确相关职责。其次，应加强保障体系和能力建设，重点是空间天气观（探）测能力和预警预报能力建设。再次，应注意空间天气保障与气象、海洋环境保障的统筹协调，实现“三位一体”保障。此外，应强化军事空间天气教育培训体系和研究体系建设，确保保障人才和技术成果的不断充实。在这方面，可以借鉴美军的经验，逐步实现气象、海洋和空间环境“无缝隙”一体化保障。

**2. 加强特色研究，实现重点区域突破**

军事空间天气业务是一门多学科交叉的新兴业务，探测对象多样，信息种类多、容量大，时效性强，分析和预报对象多，因此军事空间天气业务涉及的内容非常广泛。但是，灾害性空间天气事件又具有显著的小概率大风险特点，在业务建设上必须坚持有所为，有所不为，着力突出军事特色，重点开展空间天气对军事航天活动和 $C^4$ISR 系统影响研究，建立实用空间天气分析预测模式，满足航天力量建设和军队信息化建设对空间天气保障的迫切需求。还可视情探索人工影响局部空间天气问题。

### 3. 加强军民业务合作，实现优势综合互补

空间天气研究和预测的对象是日地空间多层次因果链，涉及太阳物理、空间物理、等离子物理、磁流体力学和信息技术、多媒体技术等工程学科。因此，无论是空间天气观（探）测系统建设、预报模式研发还是人才培养，都不可能也没有必要完全由军方承担，而应该充分开展军民合作，做到优势互补。美军第55空间天气中队和美国国家空间天气中心在空间天气业务建设上的诸多成功合作经验，值得我们学习和借鉴。事实上，我国许多大学和研究机构在空间物理领域具有较好的探测、研究、教育和建模基础，充分发挥和利用好这些优势，是军事空间天气保障高起点、又好又快发展的必然选择。

### 4. 加强发展规划拟制，实现稳妥科学发展

军事空间天气长期业务建设，应该以军队建设对空间天气保障的需求为牵引，在深化军事空间天气发展规划的基础上，全面推进军事空间天气预报保障能力建设和自主空间天气观探测能力建设。为应对即将到来的第24个太阳活动周期间强烈太阳风暴及其响应对军队建设带来的影响与挑战，在具体业务建设中应该坚持“吸收引进为主，自我开发为辅”的原则，通过有关在研或在建项目，与军地优势单位开展广泛的业务合作，整合国内外现有空间天气观探测数据资源、研究成果、分析预报方法和模式，尽快形成以空间天气信息保障为主，预警预报为辅的基本业务能力。

# 9 拾零

## （一）关于太阳的传说

对于人类来说，光辉的太阳无疑是宇宙中最重要的天体。万物生长靠太阳，没有太阳，地球上就不可能有姿态万千的生命现象，当然也不会孕育出作为智能生物的人类。太阳给人类以光明和温暖，也带来日夜和季节的轮回，左右着地球冷暖的变化，为地球生命提供了各种形式的能源。

在人类历史上，太阳一直是许多人顶礼膜拜的对象。中华民族的先民把自己的祖先炎帝尊为太阳神。而在古希腊神话中，太阳神则是万神之王宙斯的儿子。

### 1. 中国“后羿射日”的传说

相传上古时期，夏代有穷国的国王是一个名叫后羿的英俊男子。后羿不仅长得潇洒，而且文武双全，天文、地理无所不知，谋略、武艺无所不精，尤其还射得一手好箭。有穷国在后羿的英明治理下，蒸蒸日上，威震四方。人们丰衣足食，安居乐业，日出而作，日落而息，呈现一派丰盛祥和的景象。

后羿每天处理完国事后，就带上神灵所赐的心爱的弓箭，到射箭场进行练习，日复一日，年复一年，从未间断。他的箭术已到出神入化、无人能比的地步。日子在和平、美满中一天天过去，有穷国日趋繁荣。就在人们沉浸在幸福、满足之中时，突然，祸从天降。

仲夏的一天早晨，和往日并无不同，可到了日出时候，东方一下子升出来 10 个太阳。人们看着眼前的一切，目瞪口呆。大家清楚，天上挂着 10 个太阳意味着什么。顿时，哭喊着、祈祷声一片。人们用尽各种办法祈求上天开恩，收回多出的 9 颗太阳，但一切无济于事。一天又一天，田里的庄稼渐渐枯萎，河里的水慢慢干涸，老弱病残者一个接一个地倒下……后羿看着眼前的一切，心如刀绞，可是无计可施。他愁肠欲断，焦虑万分，日渐憔悴。

一天，困倦不已的他刚合上眼，忽梦见一白胡老人，老人指点他，将 9 个箭靶做成太阳形状，每天对准靶心，练上七七四十九天后，便可射落天上的太阳，并嘱咐他，此事不可外扬，只有到了第 50 天才可让人知道。后羿睁开眼，惊喜不已，立刻动手做箭靶，箭靶做好后，便带上箭躲到深山里，没日没夜地练起来。到了第50天，国王要射日的消息传出后，在死亡线上挣扎的人们精神顿时振奋起来，仿佛看到了生的希望。人们唯恐后羿的箭射不落太阳，男女老幼顶着火一般的烈日，用最短的时间，搭起一座数米高的楼台，并抬来战鼓，为后羿呐喊助威。后羿在震耳欲聋的鼓声里，一步步登上楼台。在他身后，是无数双渴求、期盼的眼睛；在他周围，是痛苦呻吟的土地；在他头顶，是炽热、张狂的太阳。他告诉自己只能成功，不许失败。尽管知道走的是一条不归路，但为了救出受苦受难的民众，他无怨无悔。

终于到达楼顶了，后羿回首最后一次看了看他的臣民，他的王宫，然后抬起头，举起手中的箭，缓缓拉开弓。“嗖”，只听一声巨响，被击中的太阳应声坠下，随即不知去向。台下一片欢呼，呐喊声、战鼓声穿透云霄。后羿一鼓作气，连连拉弓，又射落了7颗。还剩最后2颗了，此时，他已筋疲力尽，可他知道，天上只能留下1颗太阳，如果此时放弃，就意味着前功尽弃。他再一次举起箭，用尽全身力气，将第9颗太阳击落后，便一头栽倒在地，再也没起来。一切恢复了原样，而勇敢、可敬的后羿却永远闭上了眼睛……

被射中的9颗太阳，坠落到9个不同的地方。其中的一颗，掉到了黄海边上，并砸出了一个湖，这个湖后人称作射阳湖。不久，从射阳湖里流出一条河，人们把它称作射阳河。

2. **希腊太阳神话**

太阳神阿波罗是天神宙斯和女神勒托（Leto）所生之子。神后赫拉（Hera）由于妒忌宙斯和勒托的相爱，残酷地迫害勒托，致使她四处流浪。后来总算有一个浮岛德罗斯收留了勒托，她在岛上艰难地生下了日神和月神。于是赫拉就派巨蟒皮托前去杀害勒托母子，但没有成功。后来，勒托母子交了好运，赫拉不再与他们为敌，他们又回到众神行列之中。阿波罗为替母报仇，就用他那百发百中的神箭射死了给人类带来无限灾难的巨蟒皮托，为民除了害。阿波罗在杀死巨蟒后十分得意，在遇见小爱神厄洛斯（Eros）时讥讽他的小箭没有威力，于是厄洛斯就用一枝燃着恋爱火焰的箭射中了阿波罗，而用一枝能驱散爱情火花的箭射中了仙女达佛涅(Daphne)，要令他们痛苦。达佛涅为了摆脱阿波罗的追求，就让父亲把自己变成了月桂树，不料阿波罗仍对她痴情不已，这令达佛涅十分感动。而从那以后，阿波罗就把月桂作为饰物，桂冠成了胜利与荣誉的象征。每天黎明，太阳神阿波罗都会登上太阳金车，拉着缰绳，高举神鞭，巡视大地，给人类送来光明和温暖。所以，人们把太阳看做是光明和生命的象征。

3. **北欧太阳神话**

弗蕾、丰饶、兴旺、爱情、和平之神，美丽的仙国阿尔弗海姆的国王。一说他与巴尔德尔同为光明之神，或称太阳神。他属下的小精灵在全世界施言行善。他常骑一只长着金黄色鬃毛的野猪出外巡视。人人都享受着他恩赐的和平与幸福。他有一把宝剑，光芒四射，能腾云驾雾。他还有一只袖珍魔船，必要时可运载所有的神和他们的武器。

**4.《山海经》中关于太阳的神话传说**

在遥远的东南海外，有一个羲和国，国中有一个异常美丽的女子叫羲和，她每天都在甘渊中洗太阳。太阳在经过夜晚之后就会被污染，经过羲和的洗涤，那被污染了的太阳，在第二天升起的时候仍会皎洁如初。这个羲和，实际上是传说中的上古帝王帝俊的妻子，她生了十个太阳，并且让这十个太阳轮流在空中执勤，把光明与温暖送到人间。这十个太阳的出发地十分荒凉偏僻，那地方有座山，山上有棵扶桑树，树高三百里，但它的叶子却像芥子一般大小。树下有个深谷叫汤谷，这是太阳洗浴的地方。它们洗浴完了，就藏在树枝上擦摩身子。每天由最上边的那一个骑着鸟儿巡游天空，其他的便依次上登，准备出发……

## （二）关于极光的误会

公元 34 年的某一天，绚丽的极光突然从天而降，正指挥大军行进之中的罗马帝国凯撒大帝，以为是远处发生了大火灾，急忙派部队前去施救，结果发现是误会一场。

关于极光的误会，不仅古已有之，现代也依然发生。

1941 年 9 月 18 日，在美国弗吉尼亚、丹佛、圣路易斯和纽约，一场罕见的强大极光不期而至，让这些地区的人们与其北部阿拉斯加同胞一样，能够目睹壮丽的极光奇观。纽约电台正直播布鲁克林道其队（Brooklyn Dodgers）和匹兹堡海盗队（Pittsburg Pirates）之间的大联盟棒球比赛，由于受极光的干扰，下午 4 时直播突然中断长达 15 分钟，双方比分定格在0：0，直播恢复后，海盗队以 4 个跑垒得分领先！来自道其队愤怒拥趸的大量谩骂和指责电话拥向电台，无辜的电台接线员成为极光的替罪羊。

伴随 1989 年 3 月的“魁北克事件”，爆发的强烈极光让最南至美国佛罗里达和古巴的人们也可以观赏到。当得克萨斯州奥斯丁的居民观察到出现天空的神奇红光时，人们脑海里首先想到的是“发现号”航天飞机，“发现号”航天飞机于 3 月 13 日上午 9 时 57 分发射升空，难道它在空中爆炸解体并陨落至大气层？

## （三）太阳热核聚变理论与人造小太阳计划

太阳能量来源问题一向很吸引人，最早有人提出太阳能量是其自身物质向中心收缩产生的，即所谓重力塌陷理论。然而，这样的能源只可以维持大约 3000 万年，而地球上最古老的岩石年龄已有39亿年。

太阳物理学家后来提出了太阳热核聚变理论，克服了上述不足。该理论认为：在太阳内核高温高压条件下，由4个氢原子核聚变为1个氦原子核，并发射出$4.283\times10^{-6}$尔格的能量。太阳中全部氢原子核聚变为氦原子核，可以释放$10^{44}$焦耳的能量，这些能量足够太阳燃烧10亿年。由于实验观测到的中微子数只有理论值的1/3，太阳热核聚变的标准太阳模型长期得不到公认。直到2001年，加拿大Sudbury中微子天文台（Sudbury Neutrino Observatory）的雷蒙德·戴维斯（Raymond Davis）和小柴昌俊（Masatoshi Koshiba）探测到3种类型的中微子，破解了中微子亏欠问题。

国际热核聚变实验反应堆计划，又称人造小太阳计划，于2006年11月21日正式启动，该计划被称为人类最终解决能源危机的最大希望。作为参与国家之一，中国科学院等离子体研究所自行研制的全超导托卡马克EAST核聚变实验装置已经调试成功并实现初步放电。

## （四）SOHO（太阳与日球层观测卫星）失而复得

1998年6月25日NASA和SOHO之间的无线电通信突然中断，干扰了正常的科学任务并中止了向NOAA空间环境中心（SEC）提供CME探测数据。科学家们为寻找并恢复SOHO共同努力，参与美国国家空间天气计划（NSWP）的跨部门成员因共同的目标走到了一起。在 NOAA/SEC 科学家的协助下，美国国家科学基金会（NSF）的“美国国家天文学和电离层中心”使用阿雷卡纳特无线电望远镜向 SOHO 在 1998 年 7 月 23 日所记录的最后位置发出信号。NASA 在 Goldstone 的深空网络（DSN）地面站运用雷达技术接收到了来自 SOHO 的信号回波并跟踪飞船达 1 小时以上。雷达资料显示 SOHO 仍然在其正确的轨道上，但其太阳板指向偏离了太阳并且在缓慢地旋转。

在 NSWP 成员单位的共同努力下，SOHO 逐渐恢复到正常的运行状态。8 月 3 日 SOHO 首次对无线电信号产生应答，8 日地面收到了来自 SOHO 的遥测信息，遥测信息反映了飞船和设备的工作状态。伴随着冻结的联氨燃料逐渐解冻，9 月 16 日，SOHO 的推进器点燃后飞船便停止了旋转，并正确地转向太阳方向。接下来的几周 SOHO 的设备逐渐恢复工作，到 10 月中旬完成了最后的测试并发回了第一批图片。

### （五）历史上的首份太阳风暴预报

1879 年，英国皇家格林尼治天文台的威廉（William Ellis）发布了首份太阳风暴预报，向电报业界通报太阳黑子与强极光活动相关。他指出当时的电报技术正变得越发依赖于电报机和上千英里的电缆等设备，因此担心在几年后的下一个太阳活动高年，电报新技术将更易受磁暴的破坏。

当时的人们对此毫不在意。1881 年，当太阳活动进入高年，大量事故报告纷至沓来。当极光电流开始突增，波士顿与伦敦之间电报线路多次出现断电状况下的自动运行，发生多起电报操作员受电击或引发火灾。

1962 年 10 月，美军发布了第一份太阳活动预报，为“阿波罗”载人登月提供空间天气保障。

2007 年 5 月，中国军队发布了第一份地磁暴业务预报，为卫星在轨运行提供空间天气保障。

## （六）一次成功的太阳风暴预警

美国国家空间天气计划（NSWP）成员单位之间的通力协作可以确保成功应对太阳风暴的来袭，这在 1998 年 5 月 4 ~ 8 日发生的大地磁暴事件中得到了印证。由于观测到日面活动区产生了一系列强耀斑，在事件发生前一周，预报员和科学家们就进入高警戒状态。美国国家空间环境中心（SEC）的预报员接到来自 SOHO 科学团队的多次电话，被告知太阳爆发了数个强烈日冕物质抛射事件，并正朝向地球袭来。预报员利用这些信息估算扰动何时波及先进成分探测器（ACE）卫星。当太阳风暴如期经过 ACE 卫星时，预报员提前 40 分钟向用户发布了警报。电力公司对此作出了积极响应，切断了源于加拿大的半数并网电量，从而提高了高压输电网的安全系数。

据估算，这次风暴强度是1989年3月13日太阳风暴的1/4，但是仍然强到足够导致电力系统瘫痪，并可能对其他一些系统设施造成严重影响。通过NOAA、NASA、USAF，NSF以及其他“美国国家空间天气计划”成员间的相互协作，对防止此次事件可能引发的重大危害起到了关键作用。如果NSWP协作链中的某个环节出了问题，结果就有可能完全相反。

## （七）科学家预测新的太阳风暴将来袭

### 1. 美国科学家预测2012年太阳风暴来袭

英国《新科学家杂志》网站报道，2009年1月，美国科学家发布了一份特殊报告，报告中预测：2012年9月22日午夜时分，纽约曼哈顿上空将出现闪烁的彩色光芒，纽约市民很少会看到如此短暂而独特的类极光现象，这只有在南极才会看到。在短短几秒内，居民家中的灯泡开始变得昏暗并闪烁着，接着又变得不同寻常的明亮。之后灯泡就完全熄灭了。在90秒之内，美国东部一半的地区将陷入停电危机之中。一年之后，数百万的美国人将陆续死亡，国家的基础性设施将濒于崩溃。世界银行将宣布美国变成发展中国家，欧洲斯斯堪的纳维亚半岛（瑞典、挪威、丹麦、冰岛的泛称）、中国等也将出现同样的灾难，这场灾难源于一次猛烈的太阳风暴——来自距离地球1.5亿公里之遥的太阳表面。

以上内容听起来会让人感到有些荒谬，许多人都不会相信地球上会出现如此悲惨的灾难。但是这并非是危言耸听，2009年1月，由美国宇航局提供研究资金，美国国家科学院发布的一份特别报告中很严肃地提出了“未来太阳风暴危机”。报告中指出，在过去几十年里，西方文化在迅速发展的同时也埋下了毁灭的种子，现代的生活方式以及所依赖的科学技术在悄然地把人类推向特殊危险的境地——来自太阳表面喷射的等离子球将摧毁我们的电网，并造成致命的后果。

**2. 中国科学家预测2011年前后太阳风暴来袭**

2008年8月1日，在位于中国甘肃金塔的金鼎湖观测点进行日全食观测的中国国家天文台首席研究员颜毅华说，新一轮太阳风暴将在2011年前后来临，从而给人类生活带来一定程度的影响。颜毅华对新华社记者说：“目前新一轮太阳周期即将开始，今后3~5年太阳活动会有所增加。”颜毅华在谈及太阳活动及其对空间环境的影响时说，太阳的剧烈活动包括太阳耀斑、日冕物质抛射以及太阳高能粒子事件。太阳风暴及其活动情况是目前天文学家研究的重点之一，也是空间环境监测的主要目标之一。

颜毅华说，太阳风暴一旦发生，会给正在太空的宇航员带来严重威胁，地球上的航天航空、通信等也会受到影响。目前人类对太阳风暴的发生无能为力，但可以选择从时段上避开。

## （八）地磁暴与百慕大三角之谜

所谓百慕大三角，是指北起百慕大群岛，南到波多黎各岛，西至美国佛罗里达州的迈阿密的一片三角海域，面积约100平方公里。

由于这片海域船只、飞机等偶然失事之多，无与伦比，所以被冠以“魔鬼三角”、“死亡陷阱”、“地球的黑洞”等令人战栗的名字。

1918年，当时美国海军最大的船只——配有先进无线电装置的“基克洛普号”，在百慕大海区失事，全船300名船员离奇地消失。1948年12月，一架DC－3型大型民航客机从旧金山机场起飞，在途经百慕大海域上空时失事。1963年，美国油轮“玛林·凯恩”号穿过百慕大海域时失事。1977年2月，一架私人小飞机掠过百慕大三角上空，驾驶员突然发现罗盘指针偏转了几十度，他连忙加速逃出这个可怕的航区。返航后他们发现，飞机上的录音机磁带里录下了强烈的噪音。

百慕大三角失事事件屡屡发生，甚至达到了让人谈“角”色变的程度。科学家们对百慕大三角进行了认真研究后，提出了种种解释。其中有一种说法就是地磁暴导致该区域的异常现象。地磁暴发生时，引起地球电离层结构变化，导致无线电通信中断，与此同时，还引起地球磁场强度及方向的急剧而不规则的变化，因此罗盘出现紊乱，不能正确指引方向。

## （九）磁暴可能影响胎儿性别

俄罗斯专家经调查发现，磁暴可能对孕妇生男生女有影响。据俄罗斯《化学与生活》杂志报道，俄罗斯卫生部X光放射学研究所的专家，对1914年至1979年间在现在的圣彼得堡市及其所在州生活过的孕妇进行了调查，并随机调阅了600多名孕妇的资料，确定了其开始怀孕的日期。与此同时，研究人员还提取了这些孕妇开始怀孕那天及其前后一段时间的地磁强度和方向记录。

分析结果显示，这些孕妇所生的男孩和女孩的总体比例大致为1∶1，但在磁暴强度较大、地磁强度和方向变化急剧的日子怀孕的女性，其生出的女孩与男孩的比例为3∶2。而在地磁强度、方向变化重新趋于正常期间怀孕的女性所生女孩与男孩的比例为5∶8。

上述结果还仅仅属于初步的分析，准确的结果还有待于大量严肃细致的研究工作。人类生活在地磁场包围的地球上，所以人的生存发展与地磁场的变化不无关系，对此是毋庸置疑的。

## （十）信鸽大赛受太阳风暴影响，3791 只信鸽失踪

在 2005 年秋季“旭源杯”信鸽大赛中，沈阳的信鸽协会会员们，痛失了近 4000 羽品种优良的信鸽，成为 10 多年内从未遇见的奇闻。经调查，原来这一切全都是太阳黑子爆发惹的祸。

9 月 21 日清晨 6 时 30 分抵达唐山后，经过 GPS 卫星定位仪器确定经纬度、方位后，4045 羽参赛信鸽 7 时 10 分被放飞。当时的天气多云转晴，北风 2 ~ 3 级，天气条件十分理想。信鸽们翱翔蓝天后，飞翔走向十分理想，均向沈阳方向归巢。按照常规预计，9 月 21 日下午 1 时至 2 时，参赛信鸽们便开始陆续返回沈阳归巢。然而，意想不到的事情出现了，在预计时间内，没见一羽参赛信鸽归巢！到赛时结束，仅有 254 羽参赛信鸽归巢，其余的 3791 羽信鸽下落不明，信鸽主人们痛惜万分。这是沈阳市信鸽协会成立之后 10 多年内从未遇见的奇闻！

后来查实：9 月 17 日太阳黑子接近日面中央，太阳表面出现了巨大黑子群。太阳风暴的爆发除了干扰地球通信讯号外，还严重干扰地球磁场。有关专家介绍说，信鸽之所以能够辨别方向归巢，全凭信鸽“鼻泡”感应地球磁场的作用。地球磁场受到太阳风暴爆发干扰后，便影响了信鸽感应、辨别地球磁场的功能，导致信鸽找

不到“北”，无法归巢。

## （十一）空间天气与诺贝尔奖

作为空间天气学基础的空间物理学是人类认识自然的一门前沿性基础学科，广阔的空间环境是难得的天然实验室。有多位科学家，由于对空间物理学发展作出贡献而荣获诺贝尔奖。

阿普顿（Appleton）。从1919年起，英国无线电物理学家阿普顿致力于用无线电技术研究大气物理学的科学问题。1924年下半年，阿普顿开始了一系列实验证明高层大气有电离层存在。阿普顿是剑桥大学卡文迪西实验室的重要成员，他开创了卡文迪西实验室的无线电物理学学派。阿普顿由于对高层大气物理进行了深入的研究，特别是发现了所谓的阿普顿层，荣获1947年度诺贝尔物理学奖。

贝特（Bethe）。20世纪30年代末，美国物理学家贝特（Bethe）分别与克里奇菲尔德（Critchfield）和魏茨塞克（Von Weizsacker）各自独立地提出了太阳和恒星的能源主要来自其内核的氢通过p－p链或碳氮氧（CNO）循环方式的热核聚变转化为氦，从而帮助天文学家弄清了令人困惑的恒星能源问题。贝特因此荣获1967年度诺贝尔物理学奖。

阿尔文（Alfven）。瑞典等离子体物理学家和天体物理学家阿尔文最初从事电学仪器的理论和实验工作，从20世纪30年代后期起研究宇宙尺度上的电场和电流系统。1939年发表关于磁暴和极光的新理论，引入“等效磁矩”概念，用以简化带电粒子在磁场中如何沿螺旋线行进的复杂分析。他还将同样的方法用于研究太阳系内以及星际空间的宇宙线起源问题。阿尔文最主要的成就是在磁流体力学方面。在40年代末开始把它应用于研究太阳黑子理论、太阳磁场和地磁场的起源以及行星际等离子体的性质，著有《宇宙电动力学》。70年代前期，他和阿亨尼斯合著《太阳系的演化》。阿尔文荣获1970年度诺贝尔物理学奖。

保罗·克鲁岑（Poul Crutgen）、马里奥·莫利纳（Mario Molina）和舍伍德·罗兰（F. Sherwood Powland）。荷兰科学家保罗·克鲁岑（Poul Crutgen）、美国科学家马里奥·莫利纳（Mario Molina）和舍伍德·罗兰（F. Sherwood Powland），都研究了臭氧减少机理和臭氧层保护问题。20世纪70年代他们发现，氟氯化碳释放到空气中的氯正在破坏臭氧层，氟氯化碳这种化学物质主要用于制冷剂和推进剂。2006年，保罗·克鲁岑提出解决全球暖化的一种方法：改变地球高层大气的化学结构。他提出，可以利用一队高空热气球把硫黄粒子送上太空，或甚至用大炮弹把硫黄粒子射上大气层。把硫黄粒子射上大气层，可以增加大气层将阳光反射回太空的能力，从而达到调降地球温度的效果。由于在中高层大气化学，尤其是臭氧形成和分解的研究方面作出了杰出贡献，以上3人一起荣获1995年度诺贝尔化学奖。

雷蒙德·戴维斯（Raymond Davis）和小柴昌俊（Masatoshi Koshiba）。2001年，加拿大萨德伯里（Sudbury）中微子天文台（Sudbury Neutrino Observatory）的天体物理学家雷蒙德·戴维斯和小柴昌俊探测到3种类型的中微子，破解了困扰人们30年的中微子亏欠难题，使太阳热核聚变的标准太阳模型得到公认。两人因此分享了2002年度诺贝尔物理学奖。

## （十二）日全食吹热“日全食经济”

当月亮（月球）转到日（太阳）地（地球）之间，三个天体位于一条直线上时，在地球上看，月亮正好把太阳遮住，这种现象就是日全食。由于地球和月球都在运动，所以月球的影子以很快的速度扫过地球表面，扫过的这片长条形区域就是日全食带，直径在两三百公里，处在日全食带内的人们就能看到日全食。日全食是地球、月球和太阳三个天体运行过程中产生的一种正常天文现象，现在人们已经认识了它发生的原因与规律。对于整个地球来说，日食和日全食并非罕见现象；但对于居住在地球上某一区域的人们来说，则要数百年才看到1次。科学家根据地球、月球和太阳的运转规律测算，每年在地球上至少能看到2次日食，最多能看到5

次；日全食每 2 年就会出现 3 次。

2009 年 7 月 22 日的日全食，是世界历史上覆盖人口最多的一次日全食。全食带覆盖印度中部、缅甸以及中国长江流域等广大人口稠密地区，中国长江流域更是上演了 500 年一遇的日全食大戏，各地掀起了一股天文观测和天文科普热潮（参见彩图 17）。同时，日全食吹热了“日全食经济”。

在日全食到来之前，安徽铜陵大打宣传牌，“神六”两名航天员到此观看，经济收益可观，城市知名度扩大；浙江义乌国际小商品市场生意火暴，市场上的天文望远镜、高倍望远镜热销，而针对普通消费者的日食观测镜早早断货。7 月 21 日，北京天文馆出售观测日全食的观测片，一些民众早上 7 点就排队购买，到中午时分 3000 多片观测片销售一空。

针对日全食，中国一些城市的旅游部门特意开辟了“日食游”特色旅游线路。某些游轮公司开辟的“海上日全食游”，引来众多游客。更有甚者，某些航空公司开通了“追日航班”。对很多旅行社、宾馆而言，“日全食经济”正好冲淡了国际金融危机之下的生意阴霾，旅游价、客房价普遍上涨。而日全食最佳观测地点之争，很大程度上是城市间资源经济的“博弈”，都希望通过利用资源获得可观的经济收入。

# 10 附　录

## （一）常用物理量表

### 1. 基本物理量

| 物理量（quantity） | 单位名称（Unit） | 含义 | 换　算 |
|---|---|---|---|
| 长度（length） | 米（m） | 1/299792458 秒的时间间隔内光在真空中行程的长度 | 米（m）$=10^{6}$ 微米（μm）$=10^{9}$ 纳米（nm）$=10^{10}$ 埃（Å） |
| 时间（time） | 秒（s） | 铯－133 原子基态两个超精细能级间跃迁辐射 9，192，631，770 周所持续的时间 | |
| 质量（mass） | 千克（kg） | 1000 立方厘米的纯水在 4℃时的质量 | |

续表：

| 物理量（quantity） | 单位名称（Unit） | 含义 | 换　算 |
|---|---|---|---|
| 电流强度（electric current） | 安培（A） | 在真空中截面积可忽略的两根相距1米的无限长平行圆直导线内通以等量恒定电流时，若导线产生相互作用力在每米长度上为2×10－7牛，则每根导线中的电流为1安。 | 安培（A）＝库仑/秒（C/s） |
| 温度（temperature） | 开尔文（K） | 以绝对零度为最低温度，规定水三相点的温度为273.16K，1K等于水三相点温度的1/273.16。 | 开（K）＝摄氏度（°C）＋273.16 |
| 物质的量（amount of matter） | 摩尔（mol） | 摩尔是一系统的物质的量，该系统中所包含的基本单元数与0.012千克碳12的原子数目相等。 | |
| 发光强度（luminous intensity） | 坎德拉（cd） | 一光源在给定方向上的发光强度，该光源发出频率为540×1012赫兹的单色辐射，而且在此方向上的辐射强度为1/683瓦特每球面度。 | |

## 2. 力学常用物理量

| 物理量 | 单位名称（符号） | 含　义 | 换　算 |
|---|---|---|---|
| 速度（velocity） | | 单位时间内移动的距离。<br>米/秒（m/s） | |
| 加速度（acceleration） | | 速度相对于时间变化的速率。<br>米/平方秒（$m/s^2$） | |
| 角速度（angular velocity） | | 角位移随时间变化的变化率。<br>弧度/秒（rad/s） | |
| 角加速度（angular acceleration） | | 角速度随时间变化的变化率。<br>弧度/平方秒（$rad/s^2$） | |
| 牛顿（newton） | 牛顿（N） | 每秒钟使 1 千克物体加速 1 米所需力的单位。<br>牛顿（N）＝千克 · 米/平方秒（kg · m/s） | 1 牛顿（N）＝$10^5$ 达因（dyn） |
| 密度（density） | | 在特定压力和温度条件下某物质单位体积的质量。<br>千克/立方米（$kg/m^3$） | |
| 压强（pressure） | 帕（Pa） | 每平方米面积上 1 牛顿力产生的压力。<br>帕（Pa）＝牛顿/平方米（$N/m^2$） | 1 百帕（hPa）＝1 毫巴（mb） |
| 能［量］（quantity of energy） | 焦［耳］（J） | 相当于 1 牛顿的力使物体移动 1 米的距离所做的功。<br>焦耳（J）＝牛顿 · 米（N · m） | 焦（J）＝$10^7$ 尔格（erg）<br>尔格（erg）＝达因 · 厘米（dyn · cm） |

## 3. 电磁学常用物理量

| 物理量 | 单位名称（符号） | 含 义 | 换 算 |
|---|---|---|---|
| 电量（electric charge） | 库仑（C） | 1 安培电流在 1 秒内所运送的电量。<br>库（C）=安培·秒（A·s） | |
| 电势，电位，电压（voltage） | 伏［特］（V） | 在流过 1 安培恒定电流的导线内，两点之间所消耗的功率若为 1 瓦特，则这两点之间的电位差为 1 伏特。<br>伏（V）=瓦/安（W/A） | |
| 电流（electric current） | 安［培］（A） | 在真空中截面积可忽略的两根相距 1 米的无限长平行圆直导线内通以等量恒定电流时，若导线产生相互作用力在每米长度上为 $2\times10^{-7}$ 牛，则每根导线中的电流为 1 安。<br>安（A）=库仑/秒（C/s） | |
| 电场强度（electric field strength） | 牛［顿］每库仑（N/C） | 电场中某点的电场强度是单位正电荷置于该点所受的电场力。<br>牛/库（N/C） | 牛/库（N/C）=伏/米（V/m） |
| 磁通量（magnetic flux） | 韦［伯］（Wb） | 一匝环路中的磁通量在 1 秒钟内均匀地减小到零，如果因此在环路内产生 1 伏特的电动势，则环路中的磁通量为 1 韦伯。<br>韦（Wb）=伏·秒（V·s） | |

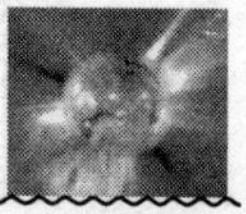

续表：

| 物理量 | 单位名称（符号） | 含　义 | 换　算 |
|---|---|---|---|
| 能［量］（quantity of energy） | 焦［耳］（J） | 相当于1安培的电流通过1欧姆的电阻在1秒钟内所做的功。<br>尔格：相当于一达因的力在移动一厘米时所做的功。 | 焦（J）＝$10^7$尔格（erg）。 |
| 功率（power） | 瓦［特］（W） | 单位时间内做的功。<br>瓦（W）＝焦/秒（J/s） | |
| 磁感应强度（magnetic induction） | 特［斯拉］（T） | 由毕奥－萨法尔定律可知，磁感应强度定义为：一电流元作用于另一电流元的安培力（即磁场力）与被作用的电流元之比。<br>特（T）＝牛/安·米（N/A·m） | 特（T）＝$10^4$高斯（G）＝$10^9$纳特（nT） |
| 电感（inductance） | 亨［利］（H） | 流过一个闭合回路的电流以1安培每秒的速率均匀变化，如果回路中产生1伏特的电动势，则这个回路的电感为1亨利。亨（H）＝韦/安（Wb/A） | |
| 电容（electric capacitance） | 法［拉］（F） | 给电容器充1库仑电量时，二极板之间出现1伏特的电位差，则这个电容器的电容为1法拉。<br>法（F）＝库仑/伏（C/V） | |
| 频率（frequency） | 赫［兹］（Hz） | 周期为1秒的周期现象的频率为1赫兹。<br>赫兹（Hz）＝周/秒（c/s） | |

续表：

| 物理量 | 单位名称（符号） | 含 义 | 换 算 |
|---|---|---|---|
| 声强（intensity of sound） | 分贝（dB） | 表示声音强弱的量 10lg（I/I0）。其中 10 为 $10^{-1}2\text{W/m}^2$，I 单位时间内垂直穿过单位面积的声能。 | |

## 4. 物理常量

| 物理量 | 量的符号 | 量值（单位） |
|---|---|---|
| [真空] 光速（light velocity） | $c$ | $2.998\times10^{8}$ 米/秒（m/s） |
| [真空] 磁导率（permeability content） | $\mu_0$ | $1.257\times10^{-6}$ 亨/米（H/m） |
| [真空] 介电常数（permittivity content） | $\varepsilon_0$ | $8.854\times10^{-12}$ 法/米（F/m） |
| 电子电荷（elementary charge） | $e$ | $1.602\times10^{-19}$ 库仑（C） |
| 电子质量（electron rest mass） | $m_e$ | $9.110\times10^{-31}$ 千克（kg） |
| 质子质量（proton rest mass） | $M$ | $1.673\times10^{-27}$ 千克（kg） |
| 中子质量（neutron mass） | $mn$ | $1.6749\times10^{-27}$ 千克（kg） |
| 普朗克常数（planck constant） | $h$ | $6.626\times10^{-34}$ 焦耳·秒(J·s) |
| 玻尔兹曼常数（Boltzmann's constant） | $k$ | $1.38\times10^{-23}$ 焦耳/开（J/K） |
| 气体常数（gas constant） | $R$ | 8.314510 焦耳/摩·开（J/mol·K） |
| 电子伏特（electron volt） | $eV$ | $1.602\times10^{-19}$ 焦耳（J） |

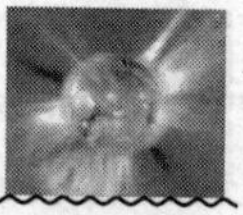

续表：

| 物理量 | 量的符号 | 量值（单位） |
|---|---|---|
| 引力常数（gravitational constant） | $G$ | 6.67260 $\times 10^{-11}$ 立方米/平方秒·千克（$m^3/s^2 \cdot kg$） |
| 地球重力加速度（gravitational acceleration） | $g$ | 9.80665 米/平方秒（$m/s^2$） |
| 太阳半径（solar radius） | $R_\theta$ | 6.96 $\times 10^8$ 米（m） |
| 太阳质量（solar mass） | $M_\theta$ | 1.99 $\times 10^{30}$ 千克（kg） |
| 太阳常数（Solar constant） | | 1367 瓦/平方米（$w \cdot m^{-2}$） |
| 地球半径（earth radius） | $R_E$ | 6.3782 $\times 10^5$ 米（m） |
| 地球质量（earth mass） | $ME$ | 5.9742 $\times 10^{24}$ 千克（kg） |

## 5. 空间天气特殊度量单位

| 物理量 | 量的符号 | 单　位 |
|---|---|---|
| 天文单位（astronomical unit） | *AU* | 1AU = 1.496 $\times 10^{11}$ 米（m） |
| 辐射剂量单位 | *rad* | 1 拉德（rad）=100 尔格/克（erg/g）<br>1 戈瑞（Gy）=1 焦耳/千克（J/kg）<br>1 戈瑞（Gy）=100 拉德（rad） |
| 辐射剂量当量单位 | *Sv* 或 *rem* | 1 西弗特（Sv）=100 雷姆（rem） |
| 太阳流量单位（solar flux unit） | *sfu* | 1sfu = $10^{-22}$ 瓦每平方米每赫兹（$Wm^{-2}Hz^{-1}$） |
| 质子流量单位（proton flux unit） | *pfu* | 1pfu = 1 个每平方厘米每立体角每秒（$cm^{-2}sr^{-1}s^{-1}$） |
| 电子总含量单位（total electron content unit） | *TECU* | 1TECU = $10^{16}$ 个电子每平方米（$e/m^2$） |

## （二）空间天气基本知识

### 1. 太阳与太阳大气

(1) 太阳参数

太阳是离我们最近的恒星，日地平均距离为一亿五千万千米，即为 1 个天文单位（AU）。太阳半径为地球的 109 倍，体积则是地球的 130 万倍，平均密度约为地球的 1/4，质量约占太阳系统总质量的 99.7%，表面（光球）大气压力为地球的 1/100，太阳磁场强度比地球高约 2 个数量级。日地空间环境参见彩图 1。

**太阳和地球基本参数对照表**

| 基本参数 | 太阳 | 地球 |
|---|---|---|
| 半径（km） | $R=6.963\times10^5$ | $Re=6.371\times10^3$ |
| 质量（g） | $M=1.989\times10^{33}$ | $Me=5.9742\times10^{27}$ |
| 表面重力加速度（$m/s^2$） | $g_0=2.74\times10^2$ | $g_e=9.780327$（赤道） |
| 表面压力（hPa） | 10.1325 | Pe = 1013.25 |
| 平均密度（$g\cdot cm^{-3}$） | 1.408 | 5.515 |
| 表面温度（K） | 6000（光球） | 243 ~ 318 |
| 自转周期（天） | 约 26.7 | 1 |
| 磁场强度（nT） | $1\sim2\times10^6$ | $3\sim6\times10^4$ |

K—开尔文温度（绝对温度）；nT—纳特，1 nT = $10^{-5}$G（高斯）

（2）太阳辐射

太阳内部的热核反应是地球的主要能量来源。太阳辐射主要包括电磁辐射和粒子辐射，但绝大多数能量集中在电磁辐射中，特别是在可见光波段。粒子辐射能量比电磁辐射能量小得多，但变化很大，对地球空间的状态有明显的影响，因此是空间天气关注的重要问题。

太阳电磁辐射覆盖了从γ射线、X射线、紫外线、可见光、红外，直到射电波段的米波区，其波段划分见下表。

**太阳电磁辐射频谱表**

| 波　段 | 波长范围 | 能量范围 |
|---|---|---|
| γ射线 | $\lambda < 2.5\text{pm}$ | $500\text{keV} < E$ |
| 硬X射线 | $0.0025\text{nm} \leqslant \lambda < 0.1\text{nm}$ | $12.4\text{keV} < E \leqslant 500\text{keV}$ |
| 软X射线 | $0.1\text{nm} \leqslant \lambda < 10\text{nm}$ | $0.124\text{keV} < E \leqslant 12.4\text{keV}$ |
| 极紫外（EUV） | $10\text{nm} \leqslant \lambda < 150\text{nm}$ | $8.24\text{eV} < E \leqslant 124\text{eV}$ |
| 紫外（UV） | $150\text{nm} \leqslant \lambda < 300\text{nm}$ | $4.13\text{eV} < E \leqslant 8.24\text{eV}$ |
| 可见光 | $300\text{nm} \leqslant \lambda < 750\text{nm}$ | $1.65\text{eV} < E \leqslant 4.13\text{eV}$ |
| 红外（IR） | $0.75\mu\text{m} \leqslant \lambda < 1000\mu\text{m}$ | $0.00124\text{eV} < E \leqslant 1.65\text{eV}$ |
| 射电 | $1\text{mm} \leqslant \lambda$ | $E \leqslant 0.00124\text{eV}$ |

1pm（皮米）$=10^{-12}$m；1nm（纳米）$=10^{-9}$m；1μm $=10^{-6}$m；

1eV（电子伏特）$=1.6\times10^{-19}$J（焦耳）；1keV（千电子伏特）=1000eV

然而由于地球大气的吸收，能够到达地球表面的只有可见光区、红外区的一些透明窗口（如下图），以及射电波段。而紫外、X 光和 γ 射线只能在大气层外借助天基系统进行测量。

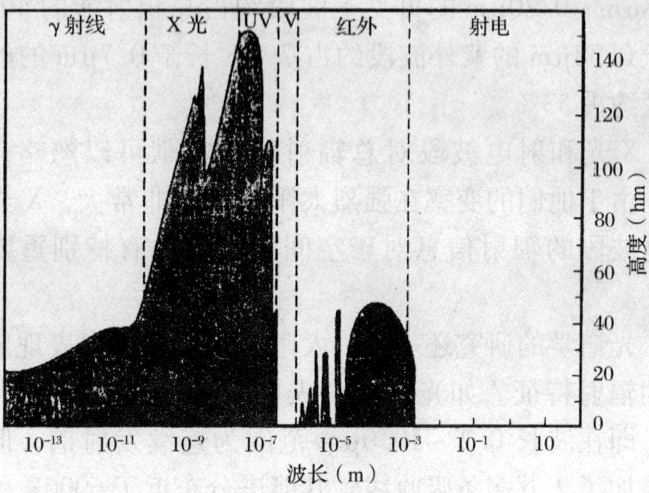


**地球电磁辐射的大气窗口**

太阳辐射强度随波长的变化。从 γ 射线到射电波段，太阳辐射强度变化范围为 26 个量级，最强的可见光区太阳辐射强度量级为 $10^6$ erg. $cm^{-2}$. $s^{-1}$. $\mu m^{-1}$，射电米波区最弱为 $10^{-20}$ erg. $cm^{-2}$. $s^{-1}$. $\mu m^{-1}$。（注：1erg（尔格）$=10^{-7}$J）

太阳辐射的主要功率集中在可见光和近红外波段，峰值波长为 0. 495μm。因此太阳常数（在地球位于日地平均距离处时，大气上界垂直于太阳光线的单位面积在单位时间内所受到的太阳辐射的全谱总能量，单位为瓦特/米 2）必须考虑的波段并不太宽，波长 0.2μm ~ 10.0μm 之间的辐射能已占太阳常数的 99.9%，其中 0.38μm ~ 0.70μm 的可见光波段约占总辐射能的 40%，短于 0.38μm 的紫外波段约占 7%，长于 0.7μm 的红外波段约占 53%。

X 光和射电波段对总辐射能的贡献可以忽略，然而，由于他们的变率在强烈太阳活动时非常大，X 光和射电波段的辐射信息对于空间天气学具有特别重要的意义。

光谱学的研究还表明，太阳大气不同层次表现出不同的辐射特征。如光球层的夫朗禾费（Fraunhofer）光谱，即在波长 0.2 ~ 10.0μm 范围为连续发射谱，但其中叠加了 2 万多条吸收线，其能谱分布近于 6000K 的黑体辐射。Fraunhofer 光谱中存在一些特别强的吸收线。如，氢原子的 Hα（6562Å〈1 Å（埃）= $10^{-10}$ m〉）和电离钙的 K（3933Å）线，表明其吸收系数已大到使光球上层的辐射也不能出射，因此，这些吸收线处的微弱辐射来自色球层。此外，色球层的辐射贡献主要表现为 0.1 ~ 0.15μm 波长范围的连续谱，而波长小于 0.1μm 的辐射光谱来自日冕，粗略对应于 $10^6$K 的黑体辐射。这些光谱特征是对太阳大气进行观测的重要理论依据，也是我们分析和解读各类太阳成像信息的基础。

(3) 太阳磁场

存在于太阳对流层底部（约0.68太阳半径）至太阳外层大气中的磁场。它连接了对流层、光球、色球、日冕及其外层的各个区并与其中各种现象发生相互作用。太阳磁场的演化决定了太阳活动的过程，提供了太阳活动能量。太阳磁场的状态与变化量是太阳活动预报的关键因子，对太阳磁场的观测与研究是军事空间天气监测的重要内容之一。

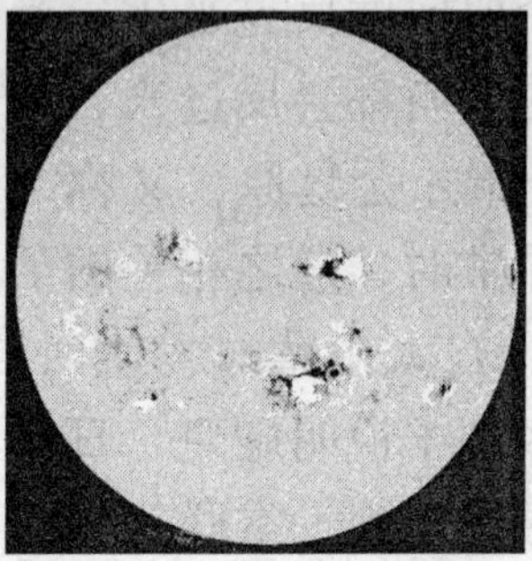

全日面磁图（白色为N极，黑色为S极。上北下南，左东右西）

太阳磁场的发现。1908年，美国天文学家海尔（G. E. Hale）利用太阳谱线的塞曼效应首次测量到太阳黑子中的磁场。1953年巴布科克光电磁像仪问世，使测量精度有很大提高。随着磁像仪技术的发展，观测水平不断提高，人类对太阳磁场的认识不断深入。1958年，苏联克里米亚天文台利用太阳磁场观测数据进行了与太阳质子事件相关的太阳耀斑预报。

太阳磁场的特性。太阳大气中的磁场主要包括：①光球磁场。光球中磁场较强，其中太阳黑子具有最强的磁场。黑子本影场强在2000~4000高斯（G）间，大体上磁场强度越大，该区的亮度就越小。太阳光球磁场很不均匀，这不仅表现在黑子半影区，而且在黑子本影和黑子群之外均是高度结构的。经红外观测证实，在黑子之外确实存在场强超过 1000 高斯的区域，并认为 90% 以上的磁流是集中在很小的磁流管中，其场强约为 1000～1700 高斯。一般说来，一个黑子群有两个主要黑子，它们的磁极性相反。如前导黑子是 N 极，后随黑子就是 S 极。在同一日面半球（南或北）的黑子群磁场取向分布是一致的，但另一半球这个取向就反过来了。当一个新的太阳黑子周开始，所有的取向都会反过来，从这个意义上讲，每隔 22 年，磁分布才会复原，又称一个磁周。当黑子群磁场分布出现异常时，与之相关的活动区容易出现大耀斑。观测证实，在太阳耀斑发生时，其下的磁场有明显变化。还有许多例子说明耀斑、日珥爆发及日冕物质抛射等事件都与磁场浮现、重联等变化有关。②色球磁场。其磁场强度比光球的磁场强度小，约为几百高斯，活动区上空的色球磁场比宁静区上的色球磁场强一些。一般色球磁场的极性与其下的光球场相似，但也有例外。③日冕磁场。因测量上的困难，只能测量活动区上空日冕亮度较大处的磁场，测得的场强约 10～30 高斯。至于广大日冕及其上空区域，场强只能靠理论推算。④日珥。日珥位于日冕之中，但物理性质接近色球。它的磁场测定也比较困难，现有几种方法，结果大致一样，即一般日珥场强小于或等于 20 高斯，个别亦可达 80 高斯，方向基本平行日面。

**太阳大气中的磁场强度表**

| 黑　子 | 谱斑区 | 日　珥 | 宁静区网络 | 极　区 |
| --- | --- | --- | --- | --- |
| 1000 ~ 4000G | 100 ~ 200G | 10 ~ 100G | 20G | 1 ~ 2G |

目前在观测方面，基本上只能对光球层的磁场分布用光学方法进行比较精确的测量，对色球磁场可作稍差的观测，对于日冕磁场只能用射电方法粗略观测。不过对于光球以上的太阳大气磁场，通常可以在某种模型假设下，以观测的光球磁场为边值，进行理论外推。

太阳普遍磁场很弱，在极区只有 1 ~ 2 高斯，太阳活动区主要出现在中低纬度区，活动区磁场很强。二者都不稳定，普遍磁场的最大变化是 22 年周期的极性倒转，活动区磁场变化十分剧烈。

(4) 太阳结构

英国天文学家卡林顿（Richard C. Carrington）在 19 世纪 80 年代通过连续观测太阳黑子活动，发现了太阳较差自转特性，即太阳自转速率随纬度变化，赤道处自转快，两极慢，从而证明太阳是一颗炽热的气体球，大致可以分为几个在物理性质上有明显区别的球层，即日核、辐射层、对流层、光球层、色球层和日冕，如彩图 2 和下图所示。

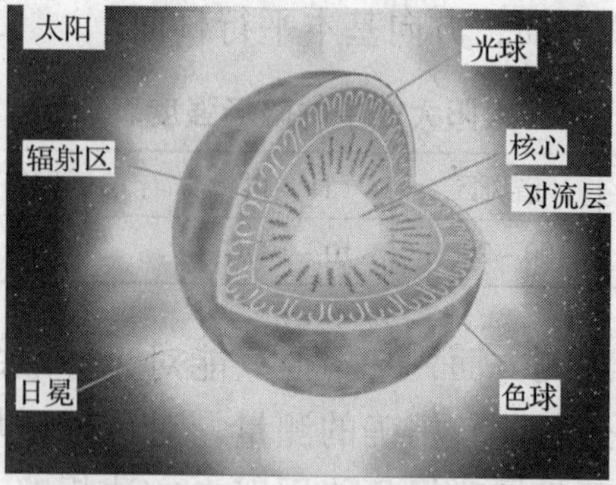


**太阳的分层结构图**

太阳光球层是我们能够直接目视的太阳层次，定义为太阳的表面，称在此之上的色球层和日冕为太阳大气。

太阳大气是太阳活动的源区，太阳大气的温度和粒子密度分布等直接决定了太阳大气的辐射特征，而对日观测研究是充分利用太阳大气的不同辐射特性而进行的。

光球层（photosphere）大约500千米厚，是太阳大气中可见的层次，太阳半径和太阳表面都是按太阳光球层的外边界来定义的。

太阳在可见光波段的辐射，几乎全部是光球层发射的。用简单的望远镜可以观测到光球层的许多特性，如暗的黑子（sunspot）、亮的光斑（faculae）和米粒（granule）组织。

色球层（chromosphere）是光球层上面的不规则层，大约 2500 千米厚。在色球层中温度单调地升高，从 6000K 升到大约 20000K，在这样的高温下，氢辐射的光发出红移颜色（Hα 发射）这种带有颜色的发射可在日珥中看到。这就是为什么给这个层起名为色球层的原因。

色球层中特征结构包括：谱斑（plague）、日珥（prominence）、暗条（filament）。日珥是在日面边缘色球层看到的向外喷发的心状物体，日珥在日面中心附近则表现为暗条。

日冕（corona）是太阳的最外层大气。它在色球层以上，直至几个太阳半径甚至更远。日冕是温度为 106K 的较稀薄的等离子体。在法国天文学家李约（Lyot）1930 年发明日冕仪之前，人们只能在日全食时观测到日冕，因为它的亮度仅约为光球的百万分之一。在平时地面上大气的散射光和观测仪器的散射光，会大大地超过日冕本身的亮度而将它淹没掉。

观测技术的发展，使我们观测到多种多样的日冕特征结构，如：头盔形冕流（hemlet streamer）、极羽（polar plume）、日冕环（coronal loop）和冕洞（coronal hole）。

冕洞是日冕中的密度小、辐射小、亮度小的区域，在太阳软 X 射线照片上表现为很大的暗区。其温度与密度约为宁静日冕的几分之一。冕洞可分为极区冕洞、越赤道冕洞等类型。

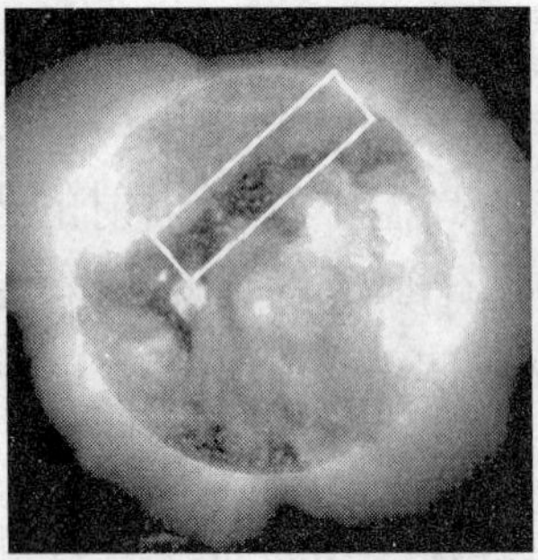

SOHO/EIT 观测的
越赤道冕洞

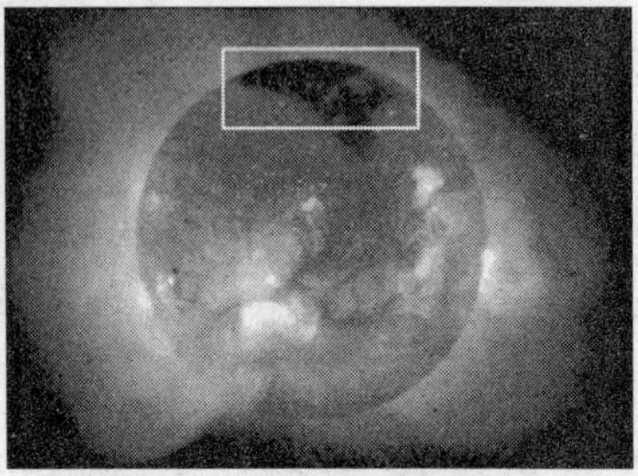

极区冕洞

冕洞的平均寿命为 5 个自转周（太阳的自转周期相对于地球约为 27.275 日），长者达 8 ~ 10 个自转周或更长。冕洞是一种巨大的磁场单极区。从冕洞中出来的开放磁力线远远地伸展到行星际空间，为连续流出的太阳风提供了通道。

**2. 行星际空间**

太阳系行星之间（不包括行星磁层）的广阔空间。行星际空间包括内日球空间和外日球空间，内日球空间距太阳 30 天文单位以内，外日球空间在 30 天文单位以外。由于外日球空间显著受到来自星际介质中性成分的影响，内外行星际空间的物质性质有着重要的区别。

行星际空间分布着极稀薄的等离子体和极少量的尘埃，充满着各种波长的天体电磁辐射和不同能量的粒子辐射，起源于太阳的磁场随太阳风向行星际空间延伸而形成的磁场充满行星际空间。行星际气体的主要来源是太阳风，太阳风控制的区域称为太阳风层，又称日球，它的边界远至 80～150 天文单位，主要成分是质子和电子，其次是氦、氧、碳、氮等元素的离子。在黄道面上，地球轨道附近的电子数密度约为 5 个/厘米$^3$。行星际尘埃是存在于行星际空间的固态物质，直径多在 10～100 微米，有的甚至小于 0.1 微米。行星际尘埃反射太阳光而形成黄道光，可在地面或空中观测它的可见光、紫外和红外光谱。行星际尘埃在空间的分布是不均匀的，它主要来自彗星，特别是短周期彗星的影响。

由太阳活动引起的行星际日冕物质抛射事件、行星际激波和间断面、各种波动等行星际扰动向外传播并导致行星际空间环境的剧烈变化。

(1) 太阳风

从太阳外层大气（日冕）连续径向外流的等离子体流。在太阳日冕层高温的作用下，氢、氦等原子被电离成带正电的质子、氦原子核和带负电的自由电子等。这些带电粒子由于某种机制的加速，具有很高的速度，以致不断有带电粒子挣脱太阳引力的束缚，形成向行星际空间流动的等离子体流，即太阳风（参见彩图3）。它是影响地球空间天气变化直至产生灾害性空间天气（太阳风暴）的重要因素。

20 世纪 30 年代，科学家在日全食时对日冕的观测中，认识到日冕层有几百万度的高温。50 年代，英国科学家查普曼（S. Sydney Chapman）通过计算，认为日冕会一直延伸到地球轨道以外的空间中。50 年代，L. 毕尔曼对彗星的彗尾进行了研究。看到彗星运行到太阳附近时，彗尾总是背向太阳。他认为太阳连续向外发射出粒子流，并估算出流速约为400 千米/秒。1958 年，美国科学家E. N. 帕克首次明确提出太阳风的概念，从理论上分析了日冕连续膨胀可以产生超声速的等离子体流动。1962 年发射的飞往金星的“水手2 号”（Mariner－2）飞船，对行星际空间等离子体和磁场进行就地探测之后，证实了确有连续不断的超声速的磁化等离子体流存在。1990 发射升空的太阳极轨探测飞船（Ulysses）的观测显示，在太阳活动极小年，极区太阳风的速度达到 750 千米/秒，几乎为低纬区的 2 倍。太阳风的组成也不尽相同。极区高速太阳风密度较低，温度较高，速度变化比较小；而低纬低速太阳风密度较高，温度较低，速度变化比较大。

太阳风的主要成分是质子和电子，还有少量的氦离子和含量甚微的重元素。氦的丰度（元素的相对含量）比太阳上的正常值要低 0. 3 ~0. 5，并随时间有很大的变化。在地球公转轨道附近，观测到太阳风的速度变化范围大约为 200 ~900 千米/秒，平均速度约为 450 千米/秒，每立方厘米几个粒子，太阳风由日冕传输到地球大约需要 4 天。太阳风速度对平均值的偏离量很大，在地球公转轨道附近经常观测到速度较高的高速流，有时在

2 天内流速可由小于 400 千米/秒增加到 800 千米/秒，持续几天后缓慢下降。在太阳风速度升高的同时，也观测到质子温度升高，但电子温度却变化很小。这种高速的太阳风流动称为太阳风高速流。在高速流到达前，太阳风的数密度和磁场强度上升到很高的数值，其后接着一个很低的数值，并且延续几天。高速流容易激发磁层亚暴，其出现具有 27 天的重现性规律。统计结果表明，太阳风高速流同冕洞有密切关系。

实测到的太阳风速度比理论计算的值要大，太阳风的加速机制是太阳风理论中还没有很好解决的问题，分析日冕中的各种能源，寻找使太阳风有效地加速的合理方式，是太阳风理论研究的一个发展方向。此外，太阳风中波动的产生和传播，太阳风磁场对日冕等离子体膨胀的影响等，也是太阳风研究的主要课题。

**3. 地球空间**

日地空间中环绕地球最近的中高层大气、电离层和地球磁层的空间区域。其范围从平流层底至磁层顶。地球空间中各个层次是紧密联系的。地球磁层、电离层和中高层大气之间通过光辐射、光化学、电动力学、热力学和动力学等过程，形成复杂的耦合系统。

(1) *磁层*

磁层是位于电离层以上被太阳风包围并受地磁场控制的广阔区域。是地球空间的最外层，直接受行星际磁场和太阳风扰动的影响。

太阳风经过地球附近时，把地球磁场屏蔽并包围起来，形成一个尾部很长的、形如彗星的腔体；腔体最外层由稀薄等离子体构成的区域即是磁层。地球存在磁层这一现象早在20世纪30年代已为英国地球物理学家查普曼（S. Sydney Chapman）和费拉罗（V. C. A. Ferraro）所认识。他们发现，太阳喷发的带电粒子流具有高导电性，它把地磁场屏蔽在外，形成一个空腔。1959年，澳大利亚科学家戈尔德（Thomas Gold）首次将这个空腔命名为磁层。1961年，“探险者”12号发现了磁层顶，磁层的概念便确立并得到普遍承认。

地球磁层占据了地球空间绝大部分体积，其外边界称为磁层顶。向阳面磁层顶的外形像一个略微压扁的半球；在日地连线方向上它离地心平均10~11个地球半径，太阳风动力压强增强时该距离可减小到地球同步高度以下。在背阳面磁层的延伸区称为磁尾。磁尾伸延至数百到上千个地球半径之外。太阳风是超声速的，它在磁层顶前方形成一个激波，该激波与船首激波相似，故称为舷激波。舷激波和磁层顶之间的区域称磁鞘，它在日地联线上的地心距离为10~14个地球半径。磁鞘等离子体来自经过舷激波加热的太阳风，平均速度由激波上游的400千米/秒降低到约250千米/秒左右。密度随远离舷激波接近磁层顶而减少，但始终比磁层内高。磁鞘中磁场的方向对太阳风—磁层相互作用有控制作用。当磁鞘磁场有南向分量时，磁层顶可出现磁重联，此时太阳风向磁层传输的能量、动量、等离子体和磁通量明显增加，这是磁暴和磁层亚暴发生的主要条件。

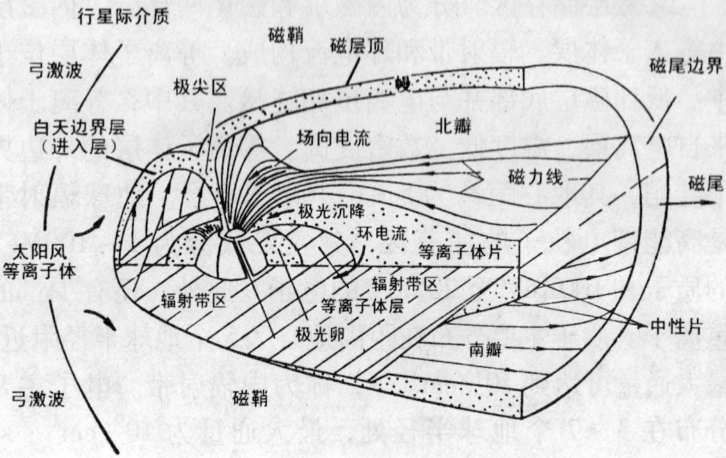


磁层结构示意图

地球磁层根据等离子体的起源和动力学特性不同可分为：

①磁层传输区。指磁层顶边界层，是磁鞘和磁层之间的过渡区，位于磁层顶内侧，包括低纬边界层、进入层、等离子体幔和极隙区。低纬边界层处于向阳面及晨昏两侧的低、中纬区；进入层是向阳面边界层的较高纬度部分；等离子体幔位于背阳面的夜侧高纬边界层；极隙区是等离子体幔和低纬边界层内磁场的会聚区。其中，磁力线为漏斗状，形成磁层的“窗口”，磁层外的

带电粒子可直接进入极隙区，并传输到极区磁层、电离层、等离子体幔、磁尾和向阳面磁层边界区。

②磁层储存区。分为内磁层和磁尾两部分。内磁层由等离子体层、辐射带和环电流构成。等离子体层位于中、低纬磁层底部并与电离层相连接。其中，等离子体来自电离层，温度低，数密度高。等离子体层的外边界很陡峭，其地心距离为 5 ~ 6 个地球半径。地球辐射带是高能带电粒子的捕获区，其主要成分为 1 ~ 100MeV 的质子和 100KeV 至 20MeV 的电子。此外，还有少量的重离子。质子主要分布在距离地心 2.5 个地球半径附近，最大通量可达到 $10^5/cm^2 \cdot s$，称为内辐射带。电子主要分布在 3 ~ 7 个地球半径处，最大通量为 $10^9/cm^2 \cdot s$，称为外辐射带。20 世纪末，发现还存在一个反常宇宙线带和第二质子带。在磁扰期间，当辐射带粒子的捕获条件受到破坏时，部分粒子可被散射到极区电离层中。环电流的中心位置在平静时大约为 5 ~ 6 个地球半径，在磁层亚暴和磁暴时可内移 3 ~ 4 个地球半径。它主要由能量为 20 ~ 200KeV 的离子（主要是 $H^+$ 和 $O^+$）和电子在赤道面附近向西漂移而形成。内磁层地磁场接近偶极子磁场。

磁尾由等离子体片和尾瓣组成。等离子体片位于磁尾中心区域，是磁尾热等离子体的主要储存区，等离子体数密度为 $0.1 \sim 1/cm^3$，电子能量约 1KeV，离子平均能量为 5KeV。主要离子成分为氢离子。磁扰日时氧离子可占很大的比例。可分为近地等离子体片 8～20 个地球半径，中磁尾等离子体片 20～60 个地球半径和远磁尾等离子体片大于 60 个地球半径。磁静日时等离子体片在赤道两侧的半厚度约为 4 个地球半径，近地内边界距地心平均为 10 个地球半径。磁扰时内边界可侵入同步高度以内，半厚度可减小到 1 个地球半径以下。等离子体片中心有很强的跨越磁尾的电流，电流区很薄，磁场极弱，称中性片（又称电流片）。尾瓣位于等离子体片两侧和等离子体幔之间，是磁尾磁能的主要储存区，其中等离子体密度稀，温度低，磁场强度大，磁场是“开放”的，一侧伸往极区磁层（极盖区），另一侧通向太阳风。尾瓣和等离子体片之间的交界区称等离子体片边界层，它起自远磁尾“中性点”，通往地球的一端连接高纬电离层，是非常活跃和不稳定的区域。太阳风能量在磁尾的储存、转化和释放，是引起磁层扰动的重要起源。

(2) 电离层

电离层是指离地球表面高度约 60 千米～1000 千米的大气电离区域。电离层中的大气处于部分电离状态，有大量的自由电子，能引起电波的折射、反射、衰减等效应，造成电波的振幅、相位、极化状态及传播模式的变化。

电离层是通过地磁研究及无线电通信实验发现的。1839 年，德国人 C. F. 高斯在分析地磁场变化时，指出高层大气中可能存在导电的电离区域。1902 年，美国人 A. E. 肯内利和英国人 O. 亥维赛基于无线电信号跨大西洋传播的实验事实，分别提出了高空存在反射无线电波的电离层的假说。1903 年，J. E. 泰勒和 1906 年英国人 J. R. 弗莱明，先后提出太阳紫外线辐射使大气分子电离形成电离层的设想。1924 年，英国人 E. V. 阿普尔顿和新西兰人 M. A. F. 巴尼特利用地波和天波干涉法进行观测，首先证实了电离层的存在。1926 年，美国人 G. 布雷特和 M. A. 图夫用脉冲回波法探测了电离层，为设计与制造电离层测高仪奠定了基础。1926 年 11 月 8 日，英国人 R. A. 沃森·瓦特正式给出电离层的命名。1931 年，英国人 S. 查普曼提出电离层的形成理论。

电离层是太阳紫外线辐射、X 射线辐射对大气分子或原子的电离作用形成的。宇宙射线和通过磁层空间进入的高能粒子也对大气电离起一定的作用。不同波长的太阳辐射与密度分布不均匀的大气相互作用，造成电子密度沿高度不同分布，形成了电离层的分层结构，由低向高分为 D、E、F1、F2 及上电离层。各层的高度和状态随昼夜、季节、太阳黑子的周期以及太阳和地磁活动而变化，同时也与所处的地理或地磁位置有关。赤道地区、中低纬度地区、极区的电离层各有不同的特点。赤道电离层经常出现不稳定现象，极区电离层经常出现极光及强扰动。中低纬度地区电离层相对来说变化平缓。

电离层的基本结构有以下特点：①D 层仅在白天出现，高度为 60 千米～90 千米，由 103～112nm 的太阳紫外线辐射、X 射线及宇宙射线的作用形成。其电子密度仅有 $10^3/cm^3$ 的量级，但电子碰撞频率较高。②正常 E 层只在白天出现，一般在 90 千米～130 千米的高度上，是 80～103nm 的太阳紫外线辐射作用的结果，电子密度约为 $10^5/cm^3$。正常 E 层较稳定，一般只随太阳的天顶角而变化。③F1 层仅在夏季白天存在，高度在 180 千米附近。④F2 层是最重要的一层，由 14～80nm 的太阳紫外线辐射造成，白天和夜间都存在，该层位于 210 千米高度以上，电子密度为 $10^6/cm^3$ 量级，其最大电子密度所在的高度约 300 千米，称为 F2 层峰。F2 层的高度、厚度及电子密度随太阳和地磁活动而变化。⑤F2 层峰以上是上电离层，它的电子密度随高度升高指数下降，一直延续到千余千米并与磁层相连接。电离层和磁层间的粒子交换通过该区域进行，这是电离层保持一定电子密度的原因。

电离层是电波传播的媒介，当电波垂直射入电离层时，只有电波频率高于某一层的最大电子密度所对应的临界频率的电波才能穿透该层，低于临界频率的电波被折射回来。如果电波从某一角度射入电离层，高于临界频率的电波也可折射回来。利用这种特性实现了长波、中波、短波通信。电离层中电子和中性粒子的碰撞频繁，会吸收电波的能量。电离层结构存在着不均匀性，当电波发射波束有一定的角度扩张时，会有多条射线沿不同的路径到达接收点，引起信号相干衰弱；电离层中电子密度不规则变化也会引起信号衰弱，这些都对通信不利。D层能透射中、短波，并严重吸收其能量。D层和地表面构成双壁波导，有利于长波、甚长波及超长波的传播，是海上舰船和潜艇进行无线电通信和导航的重要传播媒介。E、F1、和F2层能折射中波和短波，是远距离通信的传输媒介。频率更高的电波可以穿透电离层，这种透射传播保证了空间通信的实施。

电离层中存在不均匀结构——不均匀体、偶发E层（Es）和扩展F层。不均匀体的尺度从数十厘米到数千千米，密度相对变化由百分之几到百分之几十。偶发E层又称突发E层，是出现在E层高度上的电子密度很高的薄层，可作为电波反射层用于通信，其临界频率可达十几兆赫，它的出现具有随机性和地区性。不均匀结构主要是磁扰等自然因素对电离层的影响造成的，但人为因素也起相当的作用，如核爆炸的影响、空间飞行器的扰动、大功率的电波加热等。不均匀结构的运动变化比较剧烈，对电波传播有明显影响，主要是引起中、短波快速衰弱，卫星通信信号的闪烁，电波射线轨道和传播时延的改变以及多径现象等，对通信、导航、授时等产生有害影响。电离层的不均匀结构能增强电波的散射作用，对电离层散射通信有一定好处。

(3) 中高层大气

中高层大气是中层大气和高层大气的总称。一般指20~30千米以上的地球中性大气。

中高层大气包括平流层、中间层和热层。①平流层。对流层以上，温度随高度升高的大气层。它在50千米附近温度达到极大值。这个极大值的高度称平流层顶，其平均温度为273K。地球大气中的臭氧主要集中在平流层里。②中间层。平流层顶以上，温度随高度升高而降低的大气层。在80千米附近温度达到一个极小值。这个极小值所在的高度称中间层顶，其平均温度为190K。③热层。从大约80千米的大气温度极小值开始，温度重新升高的大气层，温度不再升高的高度称热层顶。在太阳活动的低年和高年，热层顶的高度分别为230千米和500千米；其大气温度分别为500K和1750K。

表征中高层大气结构和扰动的主要参量有：压力、密度、温度、风场和大气成分，以及大气运动的空间分布和随时间的变化。压力、密度剖面的基本特征是它们随高度按指数率降低。在120千米以下，每升高16千米大约降低一个数量级。高层大气直接吸收太阳的紫外辐射，密度低、温度变化大。温度对压力、密度的分布起决定性作用。中高层大气的温度和风场是诸参数中最重要的参数。

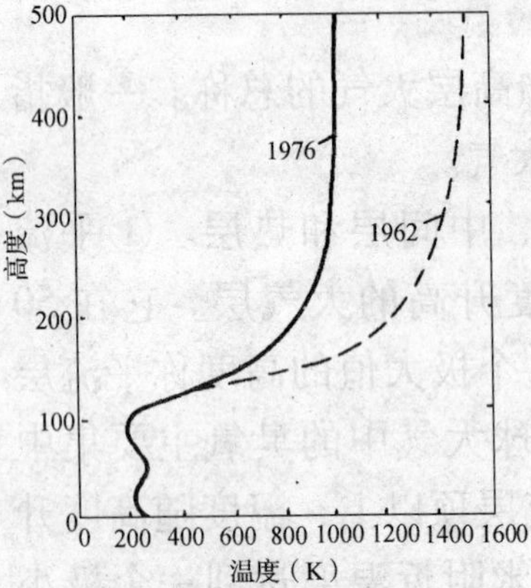


**大气平均温度的垂直分布示意图**

注：实线为美国 1976 标准大气值，
虚线为美国 1962 标准大气值

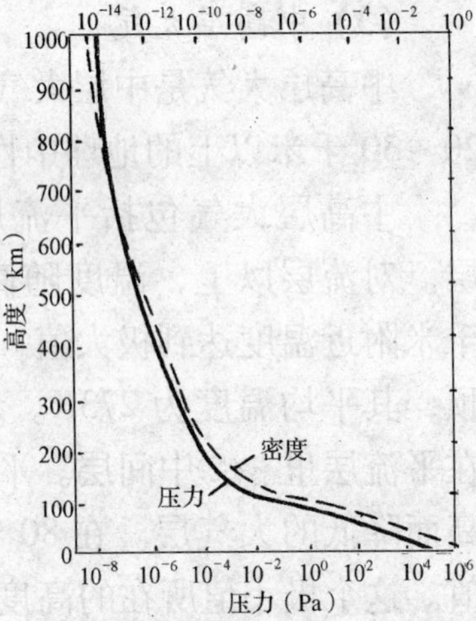


**大气平均密度和压力的垂直分布示意图**

中高层大气比较稀薄，其区域内存在复杂的光化学和动力学过程，这些过程与人类的生存和发展以及航天和军事活动密切相关。中高层大气是各种航天器的通过区和低轨航天器的驻留区，其高度上的暂态结构对飞行器的安全与准确入轨具有重要影响。远程战略导弹通常飞行在中高层大气中，要使它准确地击中目标，精确适时地给出中高层大气参数至关重要。中高层大气中各种扰动带来的大气参数偏差，可严重影响导弹的命中精度、卫星和飞船的安全发射、在轨寿命及顺利返回。如由于地球大气密度随高度指数下降，在低层大气激发的扰动在向上传播时，其振幅会随高度指数增长，当传播到中层顶和低热层（70～120 千米）区域时，由于对流不稳定性等多种因素产生大量强烈的大气湍流，导致航天飞机和远程战略导弹在经过该区域时产生强烈抖动，甚至偏离预定飞行轨道。在火箭发射中，阵风会改变火箭的姿态和飞行方向，影响正常入轨；中高层大气风切变会产生剪切力，造成火箭共振破坏。除了这些大气动力学过程的影响以外，从遥感和通信来看，电离层与电磁信号会发生强烈的相互作用，平流层大气和中间层则对光学信号的传输有重要影响，中性大气的空间不均匀性可导致遥感信号传播路径的变化。

## （三）太阳活动周

### 1. 蒙德极小期

公元 1645～1715 年是太阳活动非常衰微的时期。太阳学家艾德华·W·蒙德（1851～1928）在研究那段时期的太阳活动记录资料后，发现这个时期的太阳黑子非常稀少。因此，以他的名字来命名这一段时期即为蒙德极小期。以其间一段 30 年时间为例，天文学家只观察到约 50 个太阳黑子，而相对于在平常的相同时段，可以观察到 4 万～5 万颗太阳黑子。下图是“近 400 年来太阳黑子数曲线图”。

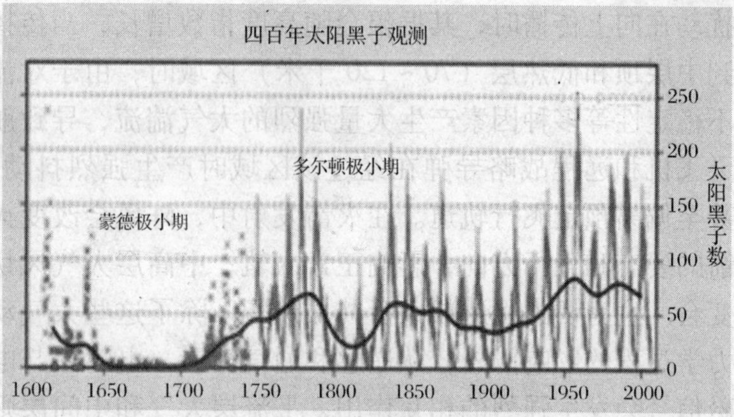


**近400年来太阳黑子数曲线图**

2. **太阳活动周**（Solar cycle）

人类对太阳活动的观测具有悠久的历史，1843年，德国人施瓦布在分析长期观测结果后发现，日面上黑子数的增减具有约11年左右的周期性，由此揭示了太阳活动的周期性。国际天文学联合会规定，每个太阳活动周期从太阳活动极小年开始，到下一个极小年结束。并且规定从1755年开始的那个活动周期为第一个太阳活动周，也就是蒙德极小期过后的第一个太阳活动极低年开始起算的太阳活动周。一个太阳活动周期平均为11年左右。目前正处于第24个太阳活动周的前期。预计2011~2012年是第24太阳活动周的高峰期。下表给出了24个太阳活动周的有关情况。

## 24 个太阳活动周情况表

| 序号 | 开始时间（年月） | 结束时间（年月） | 活动周峰年月 | |
|---|---|---|---|---|
| | | | 年月 | SSN |
| 1 | 1755.03 | 1766.07 | 1761.05 | 107 |
| 2 | 1766.07 | 1775.07 | 1769.10 | 158 |
| 3 | 1775.07 | 1784.09 | 1778.09 | 238 |
| 4 | 1784.09 | 1798.04 | 1787.12 | 174 |
| 5 | 1798.04 | 1810.08 | 1804.10 | 62 |
| 6 | 1810.08 | 1823.04 | 1817.03 | 96 |
| 7 | 1823.04 | 1833.11 | 1830.04 | 106 |
| 8 | 1833.11 | 1843.07 | 1836.12 | 206 |
| 9 | 1843.07 | 1856.01 | 1847.10 | 180 |
| 10 | 1856.01 | 1867.03 | 1860.07 | 116 |
| 11 | 1867.03 | 1878.11 | 1870.05 | 176 |
| 12 | 1878.11 | 1889.08 | 1882.04 | 95 |
| 13 | 1889.08 | 1901.09 | 1893.08 | 129 |
| 14 | 1901.09 | 1913.08 | 1907.02 | 108 |
| 15 | 1913.08 | 1923.08 | 1917.08 | 155 |
| 16 | 1923.08 | 1933.10 | 1929.12 | 108 |
| 17 | 1933.10 | 1944.03 | 1938.07 | 165 |
| 18 | 1944.03 | 1954.03 | 1948.04 | 190 |
| 19 | 1954.03 | 1964.11 | 1957.10 | 254 |
| 20 | 1964.11 | 1976.07 | 1969.03 | 136 |
| 21 | 1976.07 | 1986.10 | 1979.09 | 188 |
| 22 | 1986.10 | 1996.10 | 1990.08 | 200 |
| 23 | 1996.10 | 2007.04 | 2001.09 | 151 |
| 24 | 2007.04 | | | |

注：SSN 指月平均太阳黑子数。

### 3. 太阳活动周预报

航天器的寿命长短与太阳活动水平的高低有很大关系，应用太阳活动周预报可为中长期航天发展规划提供决策支持。此外，太阳活动周预报常被用于地球上干旱、洪涝、地震等灾害的预测。气象学者多年前发现了某些地区的年降水量和气温等的变化有类似于太阳活动水平的周期起伏。因此，太阳活动周预报是最具应用价值的空间天气长期预报要素。

太阳活动周预报的主要内容是：活动周的起始年月，峰值大小（即月平均太阳黑子数 SSN 极大值、极小值）和出现的年月。

世界主要空间天气业务机构都发布太阳活动周预报。其中，由美国国家海洋和大气管理局牵头成立的太阳活动周预报专家组，由 12 个具有表决权的国际性成员组成，分别代表不同的空间天气研究和预报机构。该专家组定期举行预报研讨，其发布的预报具有较强的权威性和指导性。

关于第 24 太阳活动周的预报，得出的主要结论有：

①24 太阳活动周的极小年为 2008 年 3 月（±6 个月）。

②24 太阳活动周太阳黑子峰值数为 140（±20），出现时间为 2011 年 10 月；或 24 太阳活动周太阳黑子峰值数为 90（±10），出现时间为 2012 年 8 月，但专家组成员对太阳黑子数是否大于或小于平均值还存在一些分歧。

这些预报结论将随预测时间以及实际太阳信息情况而有所更新。

## （四）部分空间天气事件

1859 年 8 月 28 日至 9 月 2 日，发生了人类有记录以来观测到的最强太阳风暴，又称“卡林顿事件”，产生的北极光甚至在古巴和夏威夷都可以观测到，地磁仪的指针因强的地磁扰动而跳出了刻度范围。然而，该事件影响了当时在欧洲和北美的电报系统。各地电报局的电报机操作员报告说他们的机器在闪火花，甚至因电线熔化而引起多起火灾。表示地磁暴强度的 Dst 指数高达 -1760nT（Dst≤-300nT 即为超级磁暴）。

1940 年 3 月 24 日，大磁暴使北美明尼波利斯，明尼苏达地区 80% 的对外长途电话中断，新英格兰、纽约和魁北克等地区的供电一度中断。

1958 年 2 月 9 日和 10 日，地磁暴造成 Western Union 的北大西洋电报电缆中断，Bell 系统从纽芬兰到苏格兰的跨大西洋电缆的语音通信极度困难，加拿大的多伦多停电。

1972 年 8 月 4 日，强地磁暴使 Bell 系统连接普兰诺、依利诺斯、喀斯卡特和艾奥瓦的同轴电缆中断。

1982 年 12 月 26 日，美国地球同步轨道业务 4 号卫星的可见光和红外扫描辐射计，在太阳耀斑发出的高能质子到达45分钟以后失效，在一系列强地磁暴袭击加利福尼亚海岸时最终完全损坏。

1989年3月13~14日，发生了一次强太阳风暴事件，通常称为“魁北克事件”，强地磁暴使加拿大魁北克地区电网全系统停电，造成20000兆瓦的损失，几百万人没有电力供应。从问题出现到系统崩溃大约90秒钟。全世界高频无线电完全失效，甚高频通信也出现了异常，传播距离异常增加。日本通信卫星的双冗余指令损失了一半。美国航空航天局的一颗卫星轨道下降了4.8km。该月的一次大的太阳质子事件中，GEOS-7气象卫星上的半数太阳能电池被太阳风暴击坏，致使卫星寿命缩短了50%。

1991年4月29日，强地磁暴开始仅几个小时，Yankee核电厂就发生了悲剧性灾难。

1994年1月20日至21日，由于受太阳风暴爆发的影响，三颗为电视、广播、电话提供服务的同步轨道通信卫星Intersat-K，AnikE1和Anik E2，卫星上惯性陀螺仪失效，卫星姿态失去控制，致使电话、电视和无线电广播服务中断了几个小时。

1997年1月6日至12日，恶劣的空间天气导致美国一颗保险寿命为12年、价值2亿美元的通信卫星失效。该卫星只工作了3年。

1998年4月到5月初爆发的强烈太阳风暴，引起地球辐射带电子通量显著增强，造成了银河4号地球同步轨道通信卫星的失效，致使全球80%的通过卫星通信的寻呼机工作失效，导致对四千五百万客户的寻呼服务的损失，也导致了无数的其他通讯的中断。5月6日极地号卫星发生异常。

2001年4月3日凌晨，发生25年内最大的太阳X射线爆发事件，使我国的短波通信和侦测等用户系统受阻、中断约3小时。时逢我国搜寻4月1日被美军侦察机撞落的海军航空兵飞行员王伟。此太阳风暴给搜寻工作及侦测、形势判断和决策造成很大困难。

2003年10月29日，爆发了通常称为“万圣节事件”的太阳风暴，引起了强烈的北极光，几乎整个北美地区都可以看到。据报道大量卫星出现问题，包括日本价值4.5亿美元的高级地球观测卫星（Midori－2）失灵。强烈的太阳风暴只用了19个小时即抵达地球，是有记录的太阳风暴中传播速度最快的风暴之一，仅次于1859年9月的“卡林顿事件”。2003年已进入第23太阳周的太阳活动的下降期，爆发如此强烈的太阳风暴实属罕见。每年10月30日，是西方传统的万圣节，俗称鬼节，因此而得名。

2005年1月20日，太阳发生一次强的耀斑（X7.9级），中国境内通信、广播、测量等系统的短波无线电信号遭受强烈的电离层吸收而中断，持续2个多小时。此次太阳耀斑还造成我国南极科考队的通信受阻。按常规，每年1月份应是地球周围磁场的相对平静期。发生的此次强太阳耀斑表明太阳的活动呈现某些新的特点。

2006 年 12 月 13 日 10 时 30 分左右，太阳发生 X3 级耀斑爆发，我国各地均发生突然电离层骚扰（SID）。广州、海南、重庆等电波观测站短波信号于 10 时 20 分以后全部被吸收，信号全部中断，我国的短波广播信号也发生大面积中断或干扰。海南地区的短波信号于 11 时 15 分、广州地区的短波信号于 11 时 45 分以后开始逐步恢复，直至 13 时 30 分以后，全国各地信号才基本恢复正常，前后持续约 3 小时。

## （五）空间碎片

### 1. 空间碎片定义

1999 年联合国《空间碎片技术报告》中对空间碎片的定义为："运行于地球轨道或重返大气稠密层中，经核实不能继续发挥其既定功能且不再具有任何其他功能的所有人造物体，包括其碎片及部件。"

机构间空间碎片协调委员会《空间碎片减缓指南》中关于空间碎片的定义是："空间碎片是指轨道上的或重返大气层的无功能人造物体，包括其残块和组件。"

### 2. 空间碎片的来源

进入太空半个多世纪以来，人类在不断取得空间技术的飞速发展和巨大成就的同时，也在太空中留下了大量由失效卫星、运载火箭末级等废弃物体构成的空间碎片。

空间碎片的来源多种多样，各种来源产生的碎片尺度也不相同。大空间碎片主要来源于遗弃的航天器，一般情况下地面监测系统能够测定；运载火箭的箭体和操作性碎片、爆炸解体产生的碎片则大小都有；固体火箭喷射物，撞击产物和表面剥落产生的都是小空间碎片。

**3. 空间碎片的特性和危害**

据统计，目前大约有3000吨空间碎片在绕着地球飞行，而且数量正以每年2%～5%的速度增加。空间碎片的尺寸差别极大，小的只有微米量级，大的可达数十米。按其尺寸大小可分为三类。

大空间碎片：尺寸大于10厘米的空间碎片，是目前地基监测能监测到的空间碎片，航天器一旦被它撞击将彻底损坏，只有躲避它的碰撞才能保证安全。这类碎片大约有1.8万个。

中空间碎片：尺寸在1毫米～10厘米之间的空间碎片，目前尚无有效的监测方法，对航天器的损坏能力比小空间碎片大，因而防护困难；数量比大空间碎片多，航天器躲避困难，是十分危险的碎片，学科上称为“危险空间碎片”。这类碎片大约有10万个。

小空间碎片：尺寸在1毫米以下的空间碎片，通过天基直接监测，或者分析回收物的表面获得它的信息，需要通过采取适当的防护措施来提高航天器的抗御能力。这类碎片大约有上亿个。

从空间分布来看，在中低轨道运行的航天器及空间碎片密度不大，每立方千米不超过 8~10 个，所以“太空交通事故”发生的概率不高。但由于低轨道飞行物速度极快，产生的破坏力更大，一个 10 克重的空间碎片的太空撞击能量，不亚于一辆以每小时 100 千米速度行驶的小汽车所产生的撞击能量，所以低轨道碰撞具有“低概率、高风险”的特征。2009 年 2 月 10 日发生的美俄卫星相撞就发生在概率极低的低轨道，所以才被称为“极不正常”事件。而高轨道卫星都在一定的倾角上，速度也一样，没有交叉点，卫星正常运行时也不会发生追尾现象。卫星与空间碎片的碰撞主要发生在中低轨道，已经确认的数次碰撞都发生在低轨道。

其实，有些空间碎片即便不加以处理，也会逐渐落回地面，在重返大气层的过程中烧毁。通常来说，离地球越远，落回地面的时间就越长。距离地面 300 千米的碎片寿命约为 1 年，600 千米的碎片寿命为几十年，1000 千米的碎片将飞上几千年，三四千千米以上的碎片要飞上万年，再高的碎片几乎会永远飞下去。据统计，这次美俄卫星碰撞后的碎片将在宇宙轨道中飞行上千年。空间碎片情况参见彩图 14。

**4. 空间碎片的防护**

通常来说，在轨运行的卫星大多可采用屏蔽防护结构来防护小空间碎片。毫米级和微米级的小空间碎片由于体积太小且数量太多，无法逐个测量它们的轨道，航天器无法实施机动策略躲避其碰撞，只能提高自身“免疫力”，在“枪林弹雨”中求生存。

航天器防护设计的途径有三条：一是“增强体质”，即通过优选表面材料、改变结构和增加厚度来提高航天器抵御撞击的能力；二是“穿甲带盔”，即在航天器外面增加屏障，降低空间碎片的撞击损害；三是“遮挡弱者”，即将娇弱经不起撞击的关键部件安置在“避风港湾”之处。

对于危险碎片则要通过特殊设计来防护。比如现今国际空间站主要采取屏蔽加装甲的两层防护，首先在空间站外层加一层以铝或钛金属构成的轻金属屏蔽层，作用是在碎片撞击的时候阻挡减弱其能量。内壁的抗冲击装甲则可以进一步阻挡击穿屏蔽层的碎片。屏蔽加装甲的两层防护设计能够帮助国际空间站抵抗直径小于 1 厘米的空间碎片。

对于大于 10 厘米的大空间碎片只能进行碰撞规避。航天器躲避空间碎片碰撞，一般要经过六个步骤：第一步：测量空间碎片的位置；第二步：确定空间碎片的轨道（足以描述空间碎片运动的一组“轨道根数”）；第三步：计算每一个空间碎片以后各个时刻的位置；第四步：根据需要躲避的航天器运行轨道根数，计算以后各个时刻所处的位置；第五步：比较航天器和空间碎片在各个时刻的位置，计算碰撞概率，判断是否发生碰撞；第六步：改变航天器轨道，躲避可能的碰撞。

航天器采取防护措施以提高抗撞击能力是需要付出代价的，特别是增加厚度或增设屏蔽都会增加航天器的重量，提高了卫星的建造成本和发射成本。航天器进行碰撞规避必然要求卫星携带更多的燃料，卫星的成本相应也就越高。受卫星成本的限制，民用卫星和科学卫星等一般没有太多的自我保护能力，所以这次美俄卫星碰撞产生的碎片对民用卫星有一定威胁。而对于一些大型军用卫星，比如美国的“锁眼-12”侦察卫星，重量超过16吨，携带大量的燃料，同时它采取了防核效应加固手段和防激光武器保护手段，并增装了防碰撞探测器，其对空间碎片的防护能力大幅增强。不过这样使其成本极高，大概在10亿美元以上。

**5. 美俄卫星相撞事件的影响及启示**

北京时间2009年2月11日0时56分，在距离西伯利亚地面约800千米的高空，美国“铱-33”商用通信卫星和俄罗斯已报废的“宇宙-2251”军用通信卫星相撞。碰撞时的相对速度约为11.6千米/秒（参见彩图15）。这是人类历史上首次卫星相撞。据有关专家估计，此次卫星相撞产生数千个空间碎片。可能的主要影响是：相撞产生的大量空间碎片会威胁到铱星通讯，其他众多的航天器运行，甚至国际空间站的安全。

不过，美俄卫星相撞事件，敲响了太空安全的警钟，可以促进国际太空安全合作的加强。

人类的空间活动越来越频繁，未来十年将有数千颗卫星升空，人类的空间资产越来越庞大。人类的空间活动和空间资产主要受到灾害性空间环境的威胁，空间碎片作为一种重要的灾害性空间环境对人类的空间活动和空间资产的威胁与日俱增。

从美俄卫星相撞事件得到如下启示：

(1) 应努力加大空间环境的保护力度

人类从1957年发射首颗人造卫星以来，已经向太空发射了近6000颗各类航天器。越来越拥挤的太空既推动了人类的发展，也潜藏着巨大的威胁。保护空间环境需要国际合作。保护空间环境中限制空间碎片的产生是最重要的，主要通过航天器防护设计、航天器钝化、限制释放操作性空间碎片、航天器离轨等措施限制新的空间碎片产生。清除目前已经在轨道上的空间碎片和今后航天任务可能产生的空间碎片。保护航天活动最有价值的近地轨道和地球同步轨道两个轨道区域。目前来说，彻底清除这些空间碎片技术上和经费上难度都很大。据2009年11月17日中国《科技日报》报道，俄罗斯正研制一种核动力太空清洁船，以解决日益严峻的太空垃圾问题。有人称这种清洁船为“太空清道夫”。

(2) 应尽快制定国际“太空交通规则”

尽快制定国际通用的太空交通法。随着世界各国航天活动越来越活跃，太空争夺战已进入白热化的阶段，使得太空中飞行的空间碎片数量不降反增。太空是人类共同且唯一的不可再生资源，只有制定出相应国际法规，在法律的约束和调控下，和平合理利用太空，才能减缓空间碎片对航天活动可能造成的潜在威胁。目前各国在这方面正努力达成共识：一个或少数几个国家单方面的努力远远不能解决这个问题，相关国家必须联合起来、携手共同完成这项艰巨的任务。在2009年8月于俄罗斯莫斯科召开的第六届国际航空航天大会上，有关专家就积极呼吁制定太空“交规”。

（3）*应切实加强空间碎片监测*

大力加强对空间碎片的地基监测和天基监测。地基系统建设是加强空间碎片监测的基本要求，内容包括建设更多的地基雷达监测站与地基光电监测站，并完善各种相关配置。天基监测则是今后的发展方向，继续发展天基雷达（特别是微波雷达和激光雷达）监测。通过卫星、飞船空间站搭载，发射专用卫星和小卫星组网对空间碎片监测。

美俄卫星碰撞后，世界各国意识到必须加强对废弃卫星的监控。目前对废弃卫星的监测力度远远不够。一方面世界各国出于对自己利益的考虑，都不愿意提前或者主动报废自己的卫星，也不愿意提供报废卫星的相关参数等信息；另一方面，当前世界各国对废弃卫星的监控也是各自为战，相互之间没有相关沟通交流。因此为了更好地维护太空的安全，世界各国特别是空间大国必须加强这方面的合作交流。2009年7月，美国宣布要建立名为“太空护栏”的太空垃圾跟踪新系统，以跟踪和观测不断增多的太空垃圾，以及在轨飞行的小型和微型卫星。

(4) 应注意加强航天器防护设计

航天器受空间碎片的威胁不可避免，加强自身抗撞击防护设计就显得尤为重要。航天器防护设计中，必须加强对危险空间碎片的防护。对于大空间碎片，通过地基监测和天基监测确定其轨道参数，计算碰撞概率，可以进行碰撞规避。对于小空间碎片，卫星的防护设计总的来说能很好地保护卫星星体和有效载荷的安全。而对于危险空间碎片，由于我们并不能完全掌握数量众多的危险空间碎片的参数信息，因此出于对航天活动安全考虑，大力加强航天器防护设计势在必行，通过航天器自身防护能力的提升，增强其抵御危险空间碎片侵蚀的能力。

上述所有措施有效实施的前提是加强国际合作。只有加强国际合作，制定出世界各国都遵守的“太空交通规则”、“太空行为准则”，才能更准确地监测空间碎片，才能更有效地保护空间环境，才能更合理地利用太空资源为人类造福。据英国《简氏防务周刊》2009 年 4 月 30 日报道，美军拟推动国际合作应对太空垃圾。美军航天司令部计划允许更多国家访问美国空间联合作战指挥中心，该中心追踪着太空中的 1.9 万个物体、1300 个有效载荷，以及 7500 片碎片。

## （六）日　凌

### 1. 日凌现象及其成因

每年春分和秋分前后，在卫星地球站所在地的每天中午时分，卫星将处在太阳与地球之间的直线上。这时卫星地球站天线在对准卫星的同时也对准太阳，使太阳产生的强大的电磁波直接投射在地球站天线上。由于太阳产生的电磁波频谱很宽，因此，对地球站来说，该电磁波是一个巨大的噪声源，对其所接受的卫星信号造成干扰从而使接收链路严重恶化甚至中断，这种现象即称为卫星通信的“日凌现象”。下图是地球同步轨道卫星日凌示意图。

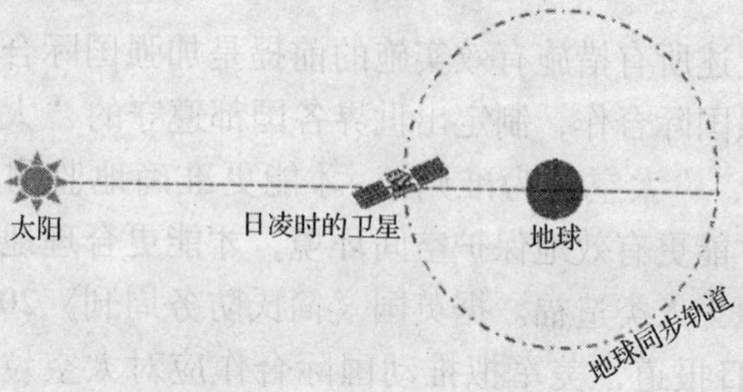


地球同步轨道卫星日凌示意图

2. **日凌的特性**

由于太阳的噪声温度超过了25000K，当地球站的天线对准卫星，而太阳出现在卫星的背后时，地球站天线会接收到极强烈的太阳噪声，系统之信噪比降低到解调门限之下，导致通信中断。对每个地球站，每年有2次连续数日都有日凌中断发生。日凌中断的日期与地球站的地理纬度有很大关系。当太阳由南往北穿过赤道面时，即春分前后，北半球高纬度地区首先发生日凌现象；当太阳由北往南穿过赤道面时，即秋分前后，日凌首先从南半球高纬度地区开始。位于卫星定点位置西边的地球站总是早于卫星定点位置以东的地球站发生日凌。下图分别给出了口径为4.5米、频率为4GHz的天线在春分、秋分前后不同纬度地区的日凌发生日期。

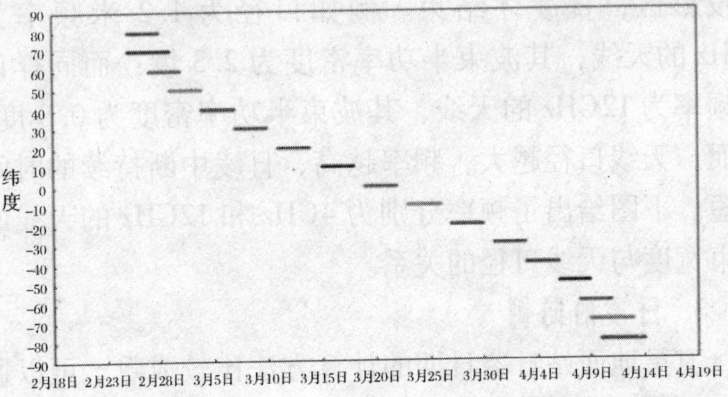

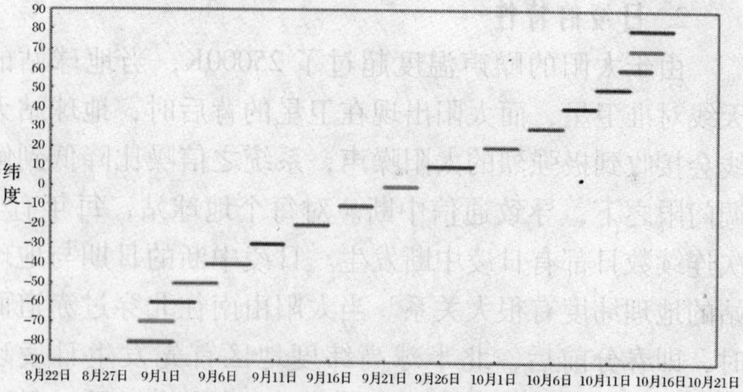


**日凌发生日期与地理纬度的关系**

（上图：春分前后；下图：秋分前后）

日凌中断的时长与地球站天线口径和频率密切相关。太阳的视角约为0.5度，太阳必须完全穿过天线波束投影区，日凌才结束。例如口径为1.2米频率为4GHz的天线，其波束半功率密度为2.3度；而同样口径频率为12GHz的天线，其波束半功率密度为0.8度。因而，天线口径越大，频率越高，日凌中断持续的时间越短。下图给出了频率分别为4GHz和12GHz的天线的波束宽度与天线口径的关系。

**3. 日凌的防御**

卫星地面站日凌日期的计算方法比较成熟，可以通过卫星地面站的地理位置和卫星的轨道参数推算出日凌发生的具体时间。

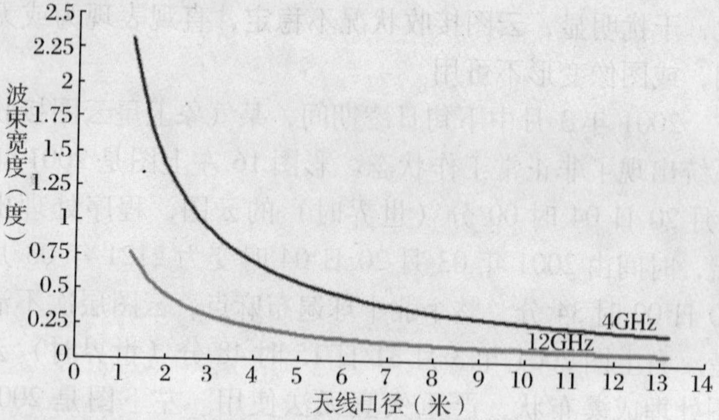


波束宽度与天线口径、频率的关系

卫星日凌干扰目前尚无有效的方法来避免，一般卫星单位会把各地的日凌时间通知用户，以便用户提前做好准备，地球站可通过增大天线口径和接收灵敏度来缩短日凌干扰的持续时间。

**4. 实例分析**

（1）2001 年春季某卫星云图接收处理系统受扰

气象信息的采集主要是通过卫星云图接收处理系统、卫星电视气象情报资料接收处理系统、VSAT 站资料接收处理系统等获得。这些系统与测控通信系统一样依赖于在太空中运行的气象卫星、通信卫星传输的信息，不同程度地会受到空间环境的影响和制约。卫星云图接收质量也受空间环境的影响，在日凌或者太阳活动高峰期间，设备管理人员监测到云图接收机信号跳跃大，干扰明显，云图接收状况不稳定，直观表现为或无图，或图像变形不可用。

2001 年 3 月中下旬日凌期间，某气象卫星云图接收系统出现了非正常工作状态。彩图 16 左上图是 2001 年 3 月 20 日 04 时 00 分（世界时）的云图，程序处理出错，时间由 2001 年 03 月 20 日 04 时变为 2121 年 03 月 10 日 02 时 34 分，整个北半球遍布麻点，云图层次不清楚。右上图 2001 年 3 月 31 日 15 时 48 分（世界时）云图处理成瀑布状，严重失真无法使用。左下图是 2001 年 4 月 9 日 07 时 30 分（世界时）的云图，从图上可见：红外云图干扰严重，图像扭曲，云状严重变形，程序处理出错，许多区域呈现黑洞。右下图是 2002 年 03 月 15 日 02 时 00 分（世界时）的云图，关键区域呈现黑洞。

究其原因，2001 年 3 月 20 日正好是春分日，此前两天中国科学院空间中心监测到太阳的一次不大的日冕物质抛射事件到达地球附近，恰好地球与太阳距离最近，太阳辐射较强，二者共同作用，使得影响明显比常年单个事件重，直接影响了天气预报保障工作的开展。

### （2）2007 年 11 月“嫦娥一号”成功应对日凌考验

“嫦娥一号”卫星是我国自主研发的探月系列卫星之一，其成功运转标志着我国在月球探测这一领域进入了一个新时期。虽然肉眼看上去茫茫宇宙是那么静谧，但“嫦娥一号”的绕月之行并非风平浪静。

2007 年 11 月上中旬，在“嫦娥一号”卫星运行期间遇到一次日凌干扰事件，但基本上未对卫星监测造成什么严重影响。卫星之所以能够这么安然地度过日凌，是因为其设在青岛测控站的巨型天线起到了很大的作用。测控站根据日凌的预报时间，主动增加应对日凌干扰的措施，使用了一个 18 米的接收天线，它就相当于“一个聚光的手电筒”，只要太阳和卫星没有完全重合，尽管是一个很小的角度，科研人员也可以通过很窄的波束把卫星的信号挑出来。这样就能成功规避日凌可能造成数据接收中断或出现错误数据的后果。

## （七）缩略语及中英文对照

ACE（Advanced Composition Explorer）先进成分探测器
AI（Artificial Intelligence）人工智能技术

CCMC（Community Coordinated Modeling Center）联合建模中心
CISM（Center for Integrated Space Weather Modeling）空间天气集成建模中心

$C^4$ISR（Command、Control、Communication、Computer、Intelligence、Scout、Reconnaissance）军事指挥、控制、通信、计算机、情报、监视和侦察系统

CGM（Corrected Geomagnetic）订正的地磁坐标

CHAMP（Challenging Minisatellite Payload）德国的“挑战小卫星载荷”地球物理研究卫星

CLUSTER 欧空局星簇计划

CME（Coronal Mass Ejections）日冕物质抛射

C/NOFS（Communication/Navigation Outage Forecast System）通信/导航中断预报系统

COSMIC（Constellation Observing System for Meteorology, Ionosphere and Climate）气象、电离层和气候星座观测系统

CRRES（Combined Release & Radiation Effect Satellite）释放和辐射综合效应卫星

DMSP（Defense Meteorological Satellite Program）美国国防气象卫星计划

DNA（Defense Nuclear Agency）美国国防部核武器局

Dst（Disturbance Storm Time）磁暴指数

DOC（Department Of Commerce）美国商务部

DOD（Department Of Defence）美国国防部

DOE（Department Of Energy）美国能源部

DOI（Department Of Interior）美国内务部

DOT（Department Of Transportation）美国运输部

DSP（Defense Support Program）美国国防支援计划预警卫星

EDP（Electron Density Profile）电子密度廓线
EHF（Extremely-high Frequency）极高频
EISCAT（European Incoherent Scattter Scientific Association）欧洲非相干散射雷达科学联盟
EIT（Extreme Ultraviolet Imaging Telescope）极紫外成像仪
EPROM（Erasable Programmable Read – Only Memory）可擦除、可设计只读内存
ESA（European Space Agency）欧洲空间局
EVA（Extra – Vehicular Activity）飞船舱外活动

FAA（Federal Aviation Administration）美国联邦航空管理局
FAST（Five – hundred – meter Aperture Spherical Telescope）500 米口径球面射电望远镜
FOT（Frequency of Optimum Traffic）最佳通信频率

Geotail 地球磁场观测卫星
GLONASS（Global Navigation Satellite System）俄罗斯全球导航卫星系统
GOES（Geostationary Operational Environmental Satellite）

静止轨道业务环境卫星

GPS（Global Positioning System）美国全球定位系统

HESSI（High Energy Solar Spectroscopic Imager）高能太阳分光镜成像仪

HIS（Intelligent Hybrid Systems）智能混合方法

Hubble（Hubble Space Telescope）哈勃太空远望镜

IAGA（International Association of Geomagnetism and Aeronomy）国际地磁和中高层大气物理协会

ICRP（International Commission on Radiological Protection）国际放射防护委员会

IGRF（International Geomagnetic Reference Field）国际参考地磁场模型

IGY（International Geophysics Year）国际地球物理年计划

IHY（International Helesopheric Year）国际日球物理年计划

IMF（Interplanetary Magnetic Field）行星际磁场

Interball 探测太阳风能量输入磁层的卫星

ISF（The method is based on a combined approach of solar activity, interplanetary scintillation（I）and geomagnetic disturbance observations in 1966 - 1982, dynamics of solar storm propagation（S）and fuzzy mathematics（F））一种太

阳风暴预测方法

ISTP（International Solar－Terrestrial Physics Program）国际日地物理计划

IUWDS（International URSIgram and World Days Service）国际无线电计划和世界日服务组织

ISES（International Space Environment Services）国际空间环境服务组织

LAMOST（Large Sky Area Multi－Object Fibre Spectroscopic Telescope）大天区面积多目标光纤光谱望远镜

LASCO（Large Angle Spectroscopic Coronagraph）大角度分光计日冕仪

LF（Low Frequency）低频

LORAN（Long－range Radio Navigation）罗兰导航系统

LUF（Lowest Usable Frequency）最低可用频率

LWS（Living With a Star）与星同在计划

MDI（Michelson Doppler Imager）迈克耳逊多普勒成像仪

MLBP（feed－forward Multi－Layer Back Propagation）前馈多层后向传播网

MUF（Maximum Usable Frequency）最高可用频率

MSM（Magnetospheric Specification Model）磁层描述模式

NASA（National Aeronautics and Space Administration）美国国家航空和航天局

NMD（National Missile Defense）美国国家导弹防御系统

NOAA（National Oceanic and Atmospheric Administration）美国国家海洋和大气管理局

NPOESS（National Polar - orbiting Operational Environmental Satellite System）美国国家极轨业务环境卫星系统

NSF（The National Science Foundation）美国国家科学基金会

NSWP（National Space Weather Program）美国国家空间天气计划

NWS（National Weather Services）美国国家天气服务处

POLAR 美国 NASA 发射地球极区磁层探测卫星

RAO（Relocatable Atmospheric Observatory）可部署大气观测站

RBF（radial - basis function）径向基函数网

RPC（Rapid Prototyping Centers）快速业务化中心

RWC（Regional Warning Center）区域预警中心

SAMPEX（Solar Anomolous and Magnetospheric Explorer）太阳异常粒子和磁层粒子探测器

SAO（Smithsonian Astrophysical Observatory）巴西天体物理观测卫星

SEC（Space Environmental Center）空间环境中心
SEL（Space Environmental Laboratory）空间环境实验室
SEP（Solar Energetic Proton）太阳高能质子
SCINDA（Scintillation Network Decision Aid）电离层闪烁辅助决策网
SOHO（Solar and Heliospheric Observatory）太阳与日球层观测卫星
SOM（self－organized map）自组织图网
SSN（Sunspot Number）月平均太阳黑子数
SST（Space Solar Telescope）空间太阳望远镜
STEP（Solar Terrestrial Energetics Program）日地能量计划
STEREO（Solar TErrestrial RElations Observatory）日地关系观测卫星
SWPC（Space Weather Prediction Center）美国空间天气预报中心
SWRN（Space Weather Research Network）空间天气研究网络

TEC（Total Electronic Component）电子总含量
TIMED（Thermosphere Ionosphere Mesosphere Energetics and Dynamics）热层、电离层、中间层热力学和动力学卫星
TIROS（Television and Infrared Observation Satellite）电

视和红外观测卫星

TRACE（Transition Region And Coronal Explorer）过渡区和日冕探测卫星

Ulysses 尤利塞斯太阳和木星探测器

VHF（Very High Frequency）甚高频

VLF（Very Low Frequency）甚低频

Wind 美国 NASA 发射的行星际太阳风探测卫星

Yohkoh 日本太阳 X 射线望远镜卫星

## （八）有关空间天气的网站

http：//www. spaceweather. ac. cn/ 中国科学院空间天气学国家重点实验室

http：//www. sepc. ac. cn/ 中国科学院空间环境预报中心

http：//www. cserf. ac. cn/ 中国科学院空间环境研究预报中心

http：//159. 226. 22. 209/dsp/realtime/realtimeMoreView. do/ 中国科学院空间环境研究预报中心数据共享平台

http：//rwcc. bao. ac. cn/ 中国太阳活动预报中心

http：//space. iggcas. ac. cn/index. htm/ 中国科学院地质与地球物理研究所空间环境观测实验室

http://www.spaceweather.gov.cn/ 中国国家空间天气监测预警中心

http://www.csi.ac.cn/ 中国地震信息网

http://www.cea-gp.ac.cn/ 中国国家地震科学数据共享中心

http://www.sec.noaa.gov/ftpmenu/ 美国 NOAA ftp 空间天气数据服务主页

http://www.ngdc.noaa.gov/ 美国国家地球物理数据中心

http://spidr.ngdc.noaa.gov/spidr/美国国家地球物理数据中心 spidr 镜像

http://www.nasa.gov/ 美国国家宇航局

http://www-tsdis.gsfc.nasa.gov/gcdc/gcdc.html 美国国家宇航局全球变化数据中心

http://www.swpc.noaa.gov/美国国家空间环境预报中心

http://www.solarmonitor.org/index.php 美国 NOAA 每日日面活动区监测

http://www.nwra-az.com/spawx/27do.html 美国西北研究学会 27 天太阳活动指数预报

http://www.srl.caltech.edu/ 美国加利福利亚理工学院空间辐射研究室

http://www.jpl.nasa.gov/ 美国喷气推进实验室

http://mlso.hao.ucar.edu/cgi-bin/mlso_homepage.cgi

美国莫纳罗亚山太阳观测台

http：//nssdc. gsfc. nasa. gov/ 美国国家空间科学数据中心

http：//cdaw. gsfc. nasa. gov/ 美国戈达德飞行中心联合数据分析小组网页

http：//modelweb. gsfc. nasa. gov/models _ home. html 美国戈达德飞行中心空间天气模式网页

http：//istp. gsfc. nasa. gov/ 国际日地空间物理计划网页

http：//www. bu. edu/cawses/ 日地系统空间气候与天气计划网页

http：//www. ips. gov. au/ 澳大利亚空间天气局主页

http：//www. esa-spaceweather. net/spweather/current _ sw/index. html 欧空局空间天气主页

http：//www. ngdc. noaa. gov/wdc 世界地球物理数据中心

http：//swdcwww. kugi. kyoto-u. ac. jp/wdc/Sec3. html 日本 Kyoto Dst 指数实时更新网页

http：//www2. nict. go. jp/y/y223/sept/ace/nnw/ Dst 指数预测网页

http：//sohowww. nascom. nasa. gov/spaceweather/ SOHO 卫星图片资料主页

http：//www. srl. caltech. edu/ACE/ ACE 卫星主页

http：//www. cddc-dsp. ac. cn/ 中国双星探测网页

http：//stereo. gsfc. nasa. gov/ STEREO 卫星网页

http：//www. timed. jhuapl. edu/WWW/scripts/mdc_ documents. pl TIMED 卫星网页

http：//solarb. msfc. nasa. gov/ SolarB 卫星网页

http：//goes. gsfc. nasa. gov/ GOES 卫星网页

http：//www. cluster. gov/ 欧空局星簇网页

http：//www. cosmic. ucar. edu/ COSMIC 星座网页

http：//www. stp. isas. jaxa. jp/geotail/ GEOTAIL 卫星网页

# 主要参考文献

1 林元章．太阳物理导论．北京：科学出版社，2000

2 姜景山等．空间科学与应用．北京：科学出版社，2001

3 张元东，王家龙．太阳风暴．北京：气象出版社，2003

4 焦维新．空间探测．北京：北京大学出版社，2002

5 焦维新．空间天气学．北京：气象出版社，2003

6 徐文耀．地磁学．北京：地震出版社，2003

7 国家自然科学基金委员会．中国空间天气战略计划建议．北京：中国科学技术出版社，2003

8 焦维新，傅绥燕等．太空探索．北京：北京大学出版社，2003

9 刘振兴．太空物理学．哈尔滨：哈尔滨工业大学出版社，2005

10 总参气象水文局．中国军事百科全书（第二版）军事空间天气分册．北京：中国大百科全书出版社，2007

11 都亨，张文祥等．空间碎片．北京：中国宇航出版社，2007

12 刘俊．关注全球气候变化．北京：军事科学出版社，2009

13 Sten denwald. The 23rd Cycle：Learning to live with a stormy star. 2000

14 NSWP. The National Space Weather Program—The Implementation Plan 2nd Edition. 2000

# 后 记

抱着学习与研究的态度，经过大约 3 年的努力，我和同事们终于完成了《关注太阳风暴》的编写，到送稿时虽感到如释重负，却也感到忐忑不安，因为我们自知学识不够，理解和研究还不深。

我 1997 年开始接触空间天气知识，那时只是觉得新鲜好奇，在魏奉思院士、张贵银高工等的影响下，逐渐产生兴趣。10 多年来，经历了科技的发展、队伍的扩大、机构的完善和成果的丰富，军事空间天气事业从萌芽走向快速发展。我真的感到高兴，有时甚至有些自豪，因为自己经历了整个过程，对很多的事还算比较清楚。

感谢符传荣、姚昌元等老领导，当初是他们的敏锐与远见促进了军队空间天气工作的起步，带动了多年来的创新发展。感谢张贵银高工、王赤研究员、冯学尚研究员等科研人员，是他们的执着与坚韧影响了我及同事们，使我们一步步朝前走，既“站在别人肩膀上”进步，又针对特点“摸着石头过河”。之所以编写这本《关注太阳风暴》，是为了汇报我们的点滴收获与感悟，是为了回报长者的培养和关心，更是为了空间天气工作的未来发展。

真心感谢领导和专家的肯定与鼓励！

我们盼望着，有更多的领导、机关更加关注并支持空间天气工作发展，只有采取有力措施提升了空间天气保障能力，我们才会在信息化战场有所作为。

我们思考着，如果未来真的有太阳风暴发生，我们必须靠自己的过硬本领实施军事空间天气保障。正是时不我待，应该只争朝夕。

2009 年 7 月 22 日的日全食，掀起了“天文潮”和“太阳热”，人们对太阳活动在电离层、中高层大气的响应以及人类生活的影响有了又一次比较系统的认识。但愿人们的“太阳热”不减，用心去关注未来的太阳风暴！

**刘　俊**

**2009 年 8 月 1 日**